建窯瓷

中国名窯名瓷シリーズ ❶

鑑賞と鑑定

# Foreword

Chinese ceramics have a long and venerable history, and have been treasured by many people over the ages. Around the world, a large number of researchers have dedicated themselves to collecting and researching these ceramics. Particularly over the past several decades, as the Chinese government has become more cooperative regarding research of historical records and preservation of ancient ceramics, related organizations have conducted successive excavations of ancient kiln sites, and significant results have been attained. Materials uncovered by new excavations have filled in the blanks in our knowledge of ceramic history; this new information from the original sources has made it easier to solve a number of riddles that have traditionally arisen in the research and appreciation of historical ceramics.

To answer these modern needs, Jiangxi Art Publishing House has published the "Encyclopedia of Appreciation and Appraisement of Ceramic Masterpieces from the Great Kilns" (*Meiyo Meiji Kansho Kantei Sosho.*) The editorial policy of this encyclopedia is to categorize ancient ceramics according to the various great kilns and their derivatives, and ask experts in each field to contribute essays on the appreciation of these works. This is an important attempt to categorically introduce the great kilns and great ceramics since the Song and Tang Dynasties. The essays contributed are based on accurate information, which is thoroughly analyzed and carefully considered. Compared to the numerous existing manuals on appreciation of ancient ceramics, this edition is unrivalled in terms of its approach to the issues and its comprehensive content. Readers interested in the appreciation of ancient ceramics can learn about a specific kiln and its derivatives, gradually broadening the scope of their investigation. This is one ideal way to comprehend the great depth of the field of ancient ceramic appreciation.

Since this text was published in China, it has won the acclaim of many readers, and researchers of old Chinese ceramics regard it as an extremely important scientific manual. Now the Japanese edition has been published by Nigensha, Publishing Co Ltd,.

In Japan which has deep ties to the world of Chinese culture. Publishing the results of the latest research into Chinese ceramic history will give Japanese researchers and aficionados access to a variety of reference material, which will undoubtedly lead to a lively discussion of relevant issues. The publication of the Japanese edition of this text represents a new page in the history of Japan-China relations in the $21^{st}$ century, a development that gives us great pleasure. It is our hope that the friendship between our countries will continue to deepen in future generations.

October 2003

Geng Baochang
Research Fellow of Palace Museum, Beijing

# 序

　中国陶瓷には悠久の歴史がある。古陶瓷は人々を魅了し、広く親しまれてきた。中国のみならずひろく世界に、生涯を陶瓷器の収集に注ぎ、さらに広く捜し求めて研究に没頭した研究者は少なくない。ここ数十年、文物の研究と保護等についての中国政府の理解が深まるにつれ、関連各部門による古窯址の発掘調査が相次いで行われ、相当の成果を上げている。新たに出土した資料によって、従来の欠落が補われ、古陶瓷の研究や鑑賞につきまとってきたさまざまな疑問が、こうした第一次資料の増加によって容易に解決されるようになってきた。

　江西美術出版社は社会のニーズに応え、『名窯名瓷鑑賞鑑定叢書』の刊行を企画した。編集の方針として古陶瓷を各々の名窯とその窯系に分類し、各方面の専家に古陶瓷鑑賞についての著述を依頼した。これは唐宋以来の名窯名瓷を系統的に紹介する貴重な試みといえるだろう。寄せられた原稿はいずれも的確な資料に基づくもので、論述は周到を極め、精緻に考察されていて、現今巷にあふれている鑑賞の手引きなどに比べると、問題の捉え方、内容の充実度ともに比類のないものといえる。古陶瓷の鑑賞に興味のある人が、一つの窯とその窯系を学び、それを手がかりとして次第にその対象を広げ理解を深めていくということも、古陶瓷鑑賞の奥義に至るひとつの道筋といえる。

　この叢書は中国で出版されて以来、多くの読者に愛され、中国の古陶瓷を研究するための科学的な専門書として非常に貴重なものとなっている。このたび中国の文化界と関係の深い日本の二玄社から日語版が出版されることになった。中国の陶瓷研究の新しい成果が伝えられることによって、日本の中国陶瓷研究者・愛好者にさまざまな参考資料が提供され、活発な議論が行われることになるだろう。この日語版の刊行は21世紀の日中文化交流の歴史に新たなページを開くものであり、まことに喜ばしいかぎりである。ここに日中の友好関係がさらに発展し、末永く続くことを希望する。

　　　　　　　　　　　　　　　2003年10月　北京にて　耿　宝昌

建窯遺址風景（吉良文男氏撮影）

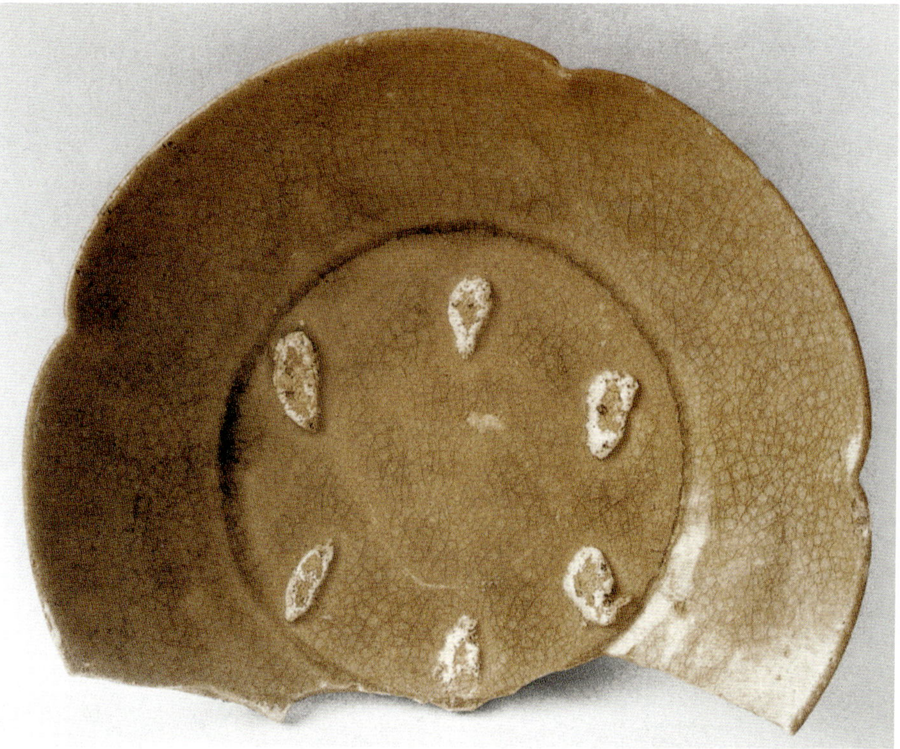

1 青釉輪花皿
　晩唐～五代
　高：3.5cm　口径：13.2cm
　福建省博物館

2 青釉水注
　晩唐～五代
　残高：19.8cm
　福建省博物館

3 青釉薬研
　　晩唐〜五代　残長：18.0cm　福建省博物館

4 「山下社」銘　青釉碗
　　晩唐〜五代
　　足径：6.5cm
　　福建省博物館

5 匣鉢に入れられた黒釉碗
　五代～北宋初　口径：(碗)9.6cm
　建窯8号窯（庵尾山）出土　福建省博物館

6 黒釉碗
　五代～北宋初　口径：9.7cm
　福建省博物館

7 黒褐釉碗
　宋時代　口径：11.7cm
　遇林亭窯出土　福建省博物館

8 黒釉碗
　宋時代　口径：11.6cm
　遇林亭窯出土　福建省博物館

9 黒釉兎毫碗
　宋時代　口径：13.0cm
　福清市石坑窯出土　福建省博物館

10 黒釉碗
　宋時代　口径：11.6cm
　福建省博物館

11 黒釉碗「茶」銘
 （側面・底部）
 宋時代　口径：11.6cm
 蘆花坪窯出土　福建省博物館

12 黒釉兎毫碗
　宋時代　口径：12.2cm
　福建省順昌県大坪林場墓出土　福建省博物館

13 黒釉兎毫碗
　宋時代　口径：13.2cm
　福建省順昌県大坪林場墓出土　福建省博物館

14 黒釉兎毫碗
　宋時代　口径：12.4cm
　韓国新安海底引揚　韓国国立中央博物館

15 黒釉兎毫碗
　宋時代　口径：11.0cm
　韓国新安海底引揚　韓国国立中央博物館

16 黒釉碗
　宋時代　口径：9.8cm
　福建省連江県定海湾引揚　福建省博物館

17 黒釉兎毫碗（側面・底部）
　宋時代　口径：12.8cm
　京都国立博物館

18 黒釉兎毫碗（側面・底部）
　宋時代　口径：16.2cm
　京都国立博物館

19 黒釉兎毫碗（側面・底部）
宋時代　口径：13.0cm
東京国立博物館

16

20 **黒釉毫変碗**（側面・見込）
宋時代　口径：12.4cm
建窯1号窯（大路後門山）出土
福建省博物館

21 黒釉金彩「寿山福海」碗（側面・見込）
宋時代　口径：12.7cm　五島美術館

22 **黒釉金彩 武夷山図碗**（側面・見込）
宋時代　口径：10.4cm　根津美術館

23 黒釉鷓鴣斑碗「供御」銘
（見込・側面・底部）
宋時代　残口径：12.0cm
建陽県水尾嵐遺跡出土
福建省軽工業研究所

24 **黒釉油滴碗**〔国宝〕
（側面・見込・底部）
宋時代　口径：12.2cm
大阪市立東洋陶磁美術館

25 黒釉油滴碗〔重要文化財〕
（側面・見込・底部）
宋時代　口径：12.7cm
東京国立博物館

26 **黒釉油滴碗**（側面・底部）
宋時代　口径：12.2cm
徳川美術館

27 **黒釉油滴碗**(側面・底部)
宋時代　口径：12.9cm
根津美術館

28 **黒釉油滴碗**〔重要文化財〕
　（側面・底部）
　　宋時代　口径：19.9cm　静嘉堂文庫美術館

29 **黒釉曜変碗**〔国宝〕
（側面・見込）
宋時代　口径：12.2cm
静嘉堂文庫美術館

30 褐釉壺
　　宋時代　高：8.2cm
　　福州懷安窯出土
　　福州市考古隊

31 灰黒釉碗
　　元時代　口径：11.4cm
　　永青文庫

32 **黒釉碗**（側面・底部）
元時代　口径：11.5cm
韓国新安海底引揚
韓国国立中央博物館

33 黒釉碗
 元時代
 茶洋窯出土

34 灰黒釉碗（図31）
 底部
 元時代

35 金彩「寿山福海」
 黒釉碗（図21）
 底部　宋時代

36 黒釉兎毫碗
 底部
 宋時代

41 瀬戸天目碗
　室町時代　口径：13.2cm
　徳川美術館

42 瀬戸菊花天目碗
　桃山〜江戸時代初　口径：12.3cm
　徳川美術館

43 倣黑釉兔毫碗
　現代　陳大鵬作

44 倣黑釉油滴碗
　現代　陳大鵬作

# 建窯瓷

中国名窯名瓷シリーズ ❶

鑑賞と鑑定

# 建窯瓷

## 目次

### 第1章 建窯の地理と歴史 6
建窯すなわち建州窯　6
近代の踏査と発見　11
発展の道筋と内容　15

### 第2章 典型的な建盞(建窯瓷碗)とその特徴 22

#### 古樸重厚な造形　22
束口碗（そくこう）
斂口碗（れんこう）
撇口碗（へつこう）
敞口碗（しょうこう）

#### 変化に富む釉色　28
烏黒・紺黒・青黒
雑色釉

#### 美しく珍しい文様　30
繊細流麗な兎毫文
斑文鮮やかな鷓鴣斑
稀少な毫変盞

#### 神秘なる建窯の陶芸技術　38
建盞の胎と釉の組成
窯の改良

#### 器に刻まれた文字・記号と「供御」「進琖」　47

第3章 **建盞の興隆と衰退** 51
 考古学的にみた窯跡の年代 51
 墓葬の考古発掘からみた建窯の年代 54
 墓以外の遺跡の考古発掘による建窯の年代 59
 文献にあらわれた建盞 61

第4章 **喫茶法の発展と建窯** 66
 '建渓の官茶は天下に絶す' 66
 '紫泥の新品に春華は泛ぶ' 70

第5章 **宋元時代の倣建盞** 83
 武夷山の金彩碗 83
 '灰被天目'と茶洋窯 87
 '幅州盞'と福州盞 90
 「器は黄黒を尚ぶ」と称された湖田窯 92
 建盞と倣建盞の比較 93

第6章 **建窯の伝来とその魅力** 101
 建窯瓷の日本への請来 101
 日本における天目の流行 107
 現代の倣建盞 113

〔主 編〕

耿宝昌　北京故宮博物院研究員・国家文物鑑定常務委員

〔編集委員〕

| | | | |
|---|---|---|---|
| 耿宝昌 | 北京故宮博物院研究員・国家文物鑑定常務委員 | 任世龍 | 浙江省文物考古研究所研究員 |
| 王莉英 | 北京故宮博物院研究員 | 趙青雲 | 河南省文物考古研究所研究員 |
| 李輝柄 | 北京故宮博物院研究員 | 余家棟 | 江西省文物考古研究所研究員 |
| 汪慶正 | 上海博物館副館長・国家文物鑑定委員 | 葉文程 | 廈門大学教授 |
| 張浦生 | 南京博物院研究員・国家文物鑑定委員 | 陳　政 | 江西美術出版社副社長 |
| 朱伯謙 | 浙江省文物考古研究所研究員 | 劉　楊 | 江西美術出版社編集委員 |

――――――― 凡 例 ―――――――

一．本書は『建窯瓷　鑑定與鑑賞』(中国名窯名瓷名家鑑賞叢書)、江西美術出版社刊 (2001年) の日本語版である。

一．日本では従来、硬質のやきものの呼称として「磁」字が広く用いられているが、中国の「瓷」字とは必ずしも同義で使われないこともあり、本シリーズでは原著に従って「瓷」字を使用することにした。

一．本シリーズの本文の構成は原則として原著に従ったが、一部の巻では配列を変更した。

一．カラー図版は原著者の同意のもとに、一部変更し、時代・形式を考慮して配列し直した。また、原著には作品の寸法・所蔵先が明記されていない巻があるが、本書では可能な限り明記した。

一．本文中の挿図は原著に収載されているもの以外に、読者の理解を考慮し、関連図版を適宜補った。また、引用や関連のあるカラー図版も当該頁に挿図として再録した。

一．陶瓷用語・鑑賞用語・作品名称等は日本で通行する用語に訳したものもあるが、適当な訳語がない場合には原語のままとし、必要に応じて〔　〕内で注記した。

一．遺跡地名等一部の行政区画表記は発掘当時のものに従った。

一．原著の注記 (　) はそのままとし、訳者の注記は〔　〕内に示した。引用文については原則として現代語訳によって示したが、詩文等、読み下しにしたものもある。

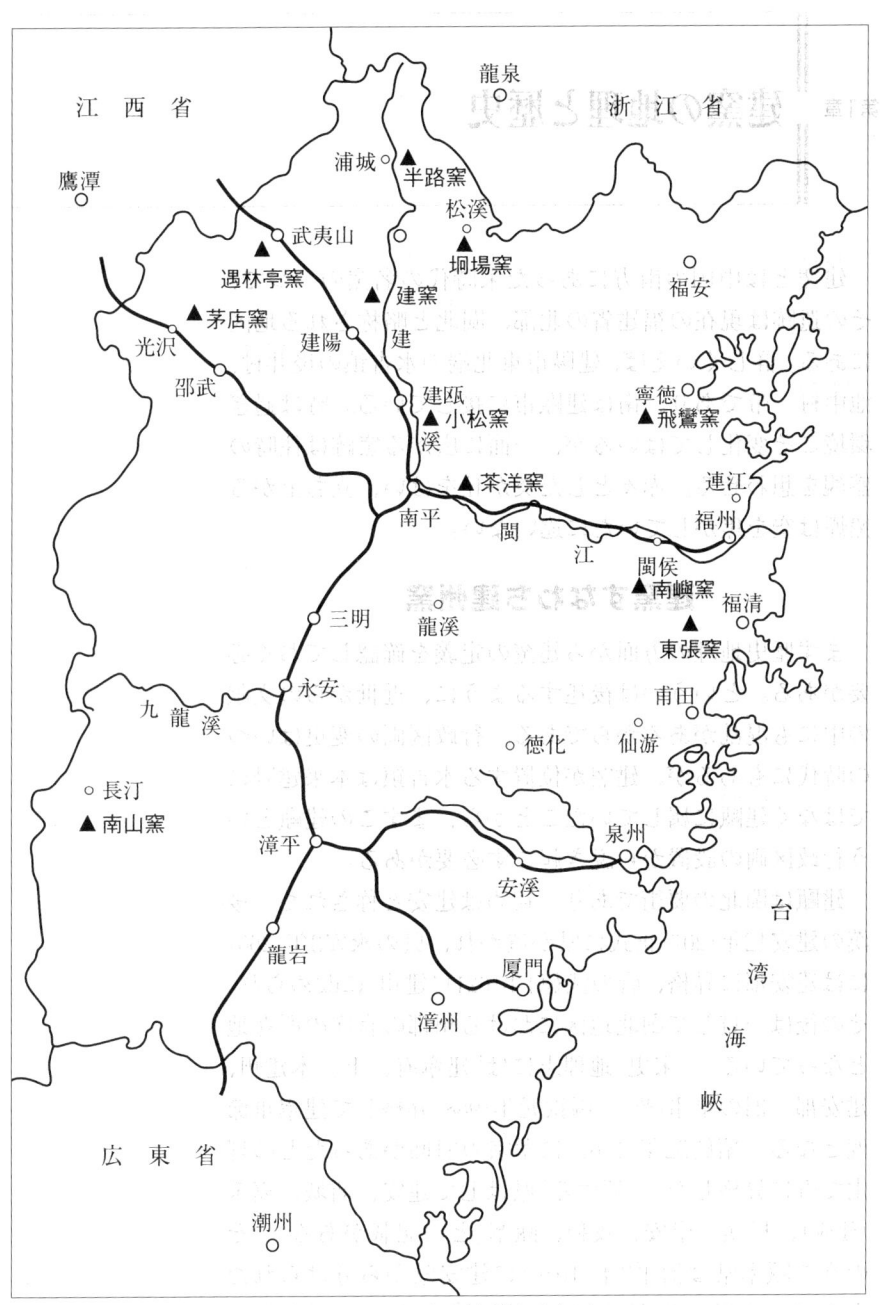

福建省の主な建窯系窯跡分布図

# 第1章　建窯の地理と歴史

　建窯とは中国の南方にあった宋時代の名窯の一つで、その遺跡は現在の福建省の北部、閩北と略称される地区にある。詳しくいえば、建陽市東北端の水吉鎮の後井村、池中村一帯であり、南は建甌市に接している。時は過ぎ環境こそ変化してはいるが、一面に広がる窯跡は往時の盛観を想わせる。赤々とした炎が丘をはい、立ち上がる窯煙は空を焦がしていたに違いない。

## 建窯すなわち建州窯

　まず歴史地理の方面から建窯の定義を確認しておく必要がある。というのは後述するように、近世からの文献の中にも混乱があるからである。行政区画の変更はいつの時代にもあるが、建窯が位置する水吉鎮は本来建陽にではなく建甌に属していたことから、まずこの建甌という行政区画の設置から説き起こす必要がある。

　建甌は閩北の要衝であり、初めは建安と称された。後漢の建安12年(207)正式に県が置かれ、呉の永安3年(260)には建安郡に昇格、唐の武徳4年(621)'建州'に改められ、その後は一貫して閩北地区における州郡の官庁の所在地となっている。『宋史』地理志には「建寧府、上、本建州、建安郡。旧の軍事〔州〕、端拱元年(988)昇格して建寧軍節度となる。紹興32年(1162)に孝宗の旧邸があったとの理由で府に昇格した」、領する「県は七で建安、浦城、嘉禾(建陽)、松渓、崇安、政和、甌寧」との記載がある[①]。そのうち甌寧県は治平3年(1066)に建安県から分けられたもので、両県の役所はともに建州〔建寧府〕に置かれて

いた。

　元の至元15年(1278)建寧府を改めて建寧路とするが、明清代には府制が回復されている。民国2年(1912)、建安、甌寧の二県を合併し、各々その一字を取って建甌県と称し、前後して建安道、第三行政督察区の管下に置かれ、1949年新中国の成立以後もその名が続き、1990年に県級市へと変更された。

　建窯が建甌の管轄地域にあったことは、宋代の文献の記載に明らかである。

　北宋の蔡襄(さいじょう)が著した『茶録(さろく)』には「茶の色は白なので黒盞(さん)が宜しい。建安で造るものは〔色〕紺黒、紋は兎毫(とごう)のようである②」とある。このなかの兎の毫のような文様の黒盞というのは、建窯で焼造された黒釉兎毫盞〔日本でいう禾目(のぎめ)〕のことで、その産地は建安県とされている。この書は仁宗の皇祐年間(1049～54)に撰述され、その後刊行されているが、著者みずから付した後序の日付は治平元年(1064)とされ、甌寧が建安から分かれる2年前である。南宋の地理書、祝穆(しゅくぼく)の『方輿勝覧(ほうよしょうらん)』には「兎毫盞〔盞〕、甌寧の水吉で造られる③」とあるが、この書の序には嘉熙己亥(1239) 呂午(ろご)の落款があり、成書の時期は理宗代(1225～1264)にあると考えられる。序の時点で甌寧県が建安県から分かれてから173年が経過し、建窯兎毫盞の産地の記述もより詳しくなったと考えられる。蔡襄(1012～67)は仙游県の人、祝穆(?～1255)は建陽県の人でともに福建籍の著名な学者で、彼らの建窯に関する記述には信憑性がある。

　宋以降の地方誌の記載を見ても、建窯の行政地理は建甌の範囲に置かれている。例えば明、弘治の『八閩通史』に「兎毫盞、甌寧の水吉(すいきつ)で造られる④」とある。水吉はまた'禾義里(かぎり)'とも呼ばれた。嘉靖の『建寧府志』に付された甌寧県の地図を見ると、その北方に'禾義里'の名があり、それはまさに水吉の位置に当たる⑤。民国18年(1928)に

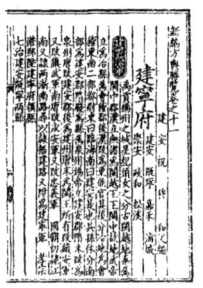

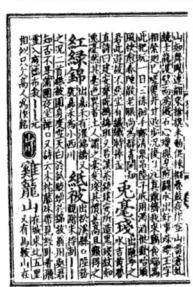

宋版『方輿勝覧』

刊行された『建甌県志』にもなお「兎毫盞、禾義里で造られる[6]」と記されている。以上のことから建窯遺跡のある水吉鎮は古くから近代まで常に建甌に属していたことがわかる。

それでは、いつ水吉鎮は建陽に編入されたのだろうか。建陽は漢代末から建平県と呼ばれ、晋の時代に建陽に改められた。その歴史を通して、建安郡・建州・建寧などの管下にある属県の一つであった。従来建甌に属していた水吉鎮は1946年から56年の間、水吉県として他県の帰属から離れていた。その後建陽県に入ることとなり、1990年建陽は県を廃して市となり、現在に至っている。水吉鎮が建陽の管轄下になったのは比較的最近のことなのである。建甌と建陽の行政地理の歴史的変遷を表示しておく。(表1)

要するに、歴史をさかのぼって建窯の名称の由来を尋ねてみると、建陽県との関連は薄く、むしろ宋代に建安、甌寧両県の政庁が置かれていた建州に求められるべきことがわかる。

唐宋時代の窯場やその製品は、一般に所在地の州県名や州郡、郡府などの名を取って命名された。例えば、越州窯、邢州窯、定州窯、寿州窯、洪州窯、吉州窯、磁州

表1　建甌、建陽の行政地理の変遷

| 時代 | 名称 | | 所属行政区 |
|---|---|---|---|
| 漢末 | 建安県 | 建平県 | 会稽郡 |
| 呉 | 建安県 | 建平県 | 建安郡 |
| 両晋南朝隋 | 建安県 | 建陽県 | 建安郡 |
| 唐五代 | 建安県 | 建陽県 | 建州 |
| 宋 | 建安、甌寧県 | 建陽県（嘉禾県） | 建寧府 |
| 元 | 建安、甌寧県 | 建陽県 | 建寧路 |
| 明清 | 建安、甌寧県 | 建陽県 | 建寧府 |
| 民国 | 建甌県 | 建陽県 | 建安道、第三行政督察区 |
| 新中国 | 建甌県、建甌市 | 建陽県、建陽市 | 建陽地区、南平地区、南平市 |

窯などであり、また景徳鎮は饒州窯、龍泉窯は処州窯とも呼ばれる場合がある。また略称もよく見られる。越州窯を越窯、邢州窯を邢窯、定州窯を定窯などというのと同様である。こうした命名の慣例によって行政区画から建窯の名称を考えると、建安郡、建州、建寧府に応じて建安窯、建州窯、建寧窯の名が考えられるが、建州窯の名称が最も適切であり、略称が建窯なのである。

一方、明清から近代の陶瓷器に関する著述のなかには、建窯の名称や内容について混乱が見られ、それらを整理しておく必要がある。以下いくつかの代表的な例を挙げて検討を加えてみたい。

明初の曹昭撰・王佐増『新増格古要論』に、「古建窯建碗(窯)器は福建で造られ、その碗盞の多くは擊(撇)口、色が黒く滋潤で、黄色の兎斑がある。滴珠の大きいものが真、但し体は極めて厚く非常に俗である。薄いものを見ることは少ない[7]」とある。

諸文献にあたってみたところ、'建窯'という名称がしかるべき記述に登場するのは、今のところ本例が最も早い。しかし産地については触れられておらず、また碗盞の多くが撇口(24頁参照)であるとするなど、正確さを欠いた片寄った見解が見られる。

清の藍浦『景徳鎮陶録』には次のように記されている。「建窯 古の建州窯である。宋代に造られた。今の建寧府建陽県にあたる。建安に始まりのち建陽に遷った。元に入って猶お盛んであった[8]」。

ここでは建窯とはすなわち古建州窯であると説かれている。ただし建安に始まって後に建陽に遷るとするのは明らかな誤りで、元時代になってなお陶業が盛んであるというのも根拠に欠ける。

清の朱琰の『陶説』には「建窯 福建泉州府徳化県に在る[9]」とあるが、これは思い違いである。徳化は閩南にあり、同じく宋代に瓷器生産が始められ、明代に入ると白

瓷で名を知られるようになった。閩北の建窯黒釉瓷とははっきりと区別されるべきで、こうした記述は成り立たない。

　近代では許之衡の『飲流斎説瓷』があり、「建窯　福建に在る。初め建安に設けられたがのち建陽に遷った。宋代から始まる。古製のものは質は粗く潤いがなく、釉汁は乾燥している。また烏泥窯ともいう。後製のものは徳化で造られた。色は非常に白く頗る瑩亮である。また福窯ともいう。従って紫建・烏泥建・白建の三種がある[10]」と説かれている。建窯の産地について従来の誤りが踏襲されているうえに、建窯の定義を拡大して福建瓷窯の総称としている。時代、産地、性格を異にする製品を一つの名称に括るというやり方は、科学的な命名の規準からもはずれている。

　建窯の名称を確定するに際して、このような定義の曖昧さや任意の解釈がどうして起きたのだろうか。近代考古学が定着する以前には、古陶瓷の鑑賞は旧来の金石学の悪しき面であるいわゆる'書斎の考古学'の弊に陥り、実地調査に基づく研究を全く欠いたものとなっていたのである。その結果、行政地理の変遷についての誤解が生じ、また時には製品の特色が断片的な観察に終始し、あるいはその窯場の内容全体について概括がなされたり、全く実地の調査研究がされなかったのである。こうした誤伝が繰り返され、建窯本来の姿とはかけ離れた内容のものとなってしまったのである。

　近代考古学の理論によれば、考古学上の文化とは、考古遺跡において観察されるある共通の特徴をもつ文化的総体ということである。それは考古発掘で得られる時代の同一性、地理・地層など環境の共通性や共通性をもつ一群の遺構などから判断される。こうした考古学上の文化は、一般に最初に発見された場所や代表的な遺跡名、特徴的な遺物の名称などから命名される。この原則に基

づいて、一つの瓷窯を一つの考古学文化として考えてみれば、そこには一定の生産年代、窯場の範囲、共通の個性をもった器皿などの存在が欠かせないものとなってくる。宋時代の建窯の生産地は建州にあり、個性豊かな黒釉瓷器を焼成した。その名称はただ単に建州窯の略称というだけでなく、固有の意味内容をもつものだということができる。

近代以降、建窯遺跡に対する発掘調査が進められ、建窯という文化遺産の内容もいっそう充実したものとなってきている。

## 近代の踏査と発見

清末から民国にかけて建窯の遺跡にも注目が集まるようになった。清末の宣統2年(1910)に刊行された陳瀏の『匋雅』には「近頃人の地を掘るものがあり、そこから出土した古瑳は大変多い。質は厚く色は紫黒である[11]」とある。また民国18年の『建甌県志』にも当時付近の村民をそそのかし建窯の黒釉碗盞の盗掘をさせる違法商人があり、「一日で数塊を得るものもあれば、数日わずか一塊のものもある。毎塊数十文銭あるいは数十洋元〔標準の銀貨幣〕など値はそれぞれ違う。集めて上海あるいは日本へ運ばれる[12]」とある。

国民党が統治していた時期には、窯跡の保護が重視されることはなく、国内における建窯の研究も断片的なものにとどまっていた。一方、建窯の声価はむしろ国外で高まっていたのである。と同時に当然多くの疑問が生じてくる。誰が造ったのか、どのように製造されたのか、各地に広がったのはどうしてか、使用したのはどのような人々でその目的は、生産の背景となった物質文化や環境・時代の雰囲気はどのようであったか等々である。解き難い謎ほど人を魅了するのが道理で、東洋や西洋の所蔵家・研究者にとって建窯遺跡は憧れの場所となってい

った。

　その中でアメリカ人のプラマー(James M. Plumer,1899－1960)は欧米人としていち早く建窯の踏査をした人物である。プラマーはニューハンプシャー州に生まれ、青年時代に殖民者や冒険家の後を追いはるか太平洋の海原を越えて中国の地を踏んだ。1932～33年の間、彼は税関の福建事務所に勤め、近在の骨董商から黒色の建窯茶碗を購入し、それが閩北の水吉鎮からもたらされたものであることを聞き知る。そこが全く見も知らぬ内陸の山間部ということから、彼は細心の注意をはらって計画を立て、この冒険行に挑むことにした。しばらくして上海の税関に転任となり、準備の期間が続くが、1935年6月、上海から道を浙江にとって福建に入り、私人としての建窯遺跡の調査が実現した。彼は膨大な量の破片が堆積した廃窯を見つけ、多くの標本を採取した。以下の記述はプラマーが後に回想した当時の情景である。
「一つの巨大な廃棄物の堆積の頂上に立つ。この山には徹底的に人の手が加えられている。低木や草むらはすっかり持ち去られ、現地の人々は'露天掘り'で目指すものを探すことができる」。彼は一軒の農家に立ち寄って写真を撮る。それは「窯跡から拾われて日常使われている宋代の茶碗を軒先に並べたところであり、いかなる博物館の所蔵もかなわない多さであった」。また「村の土壁はほとんど匣鉢で覆われ、甚しきは村長の家の大きな雌豚の餌も匣鉢に盛られているのである」。彼は感想をもらす。「往時、ここで建窯の茶碗が焼かれた地、私が長く夢見た場所。はるかな道をいとわず捜し求めたものが、それぞれの堆積の山に膨大な量で蔵されている。まさに驚嘆に値する光景だ」。
　プラマーが採集した大量の瓷片はアメリカへ運ばれ、ミシガン大学のアン・アーバー美術館に収蔵された。中国を離れた後、彼は論文や講演で建窯の発見を公にし学

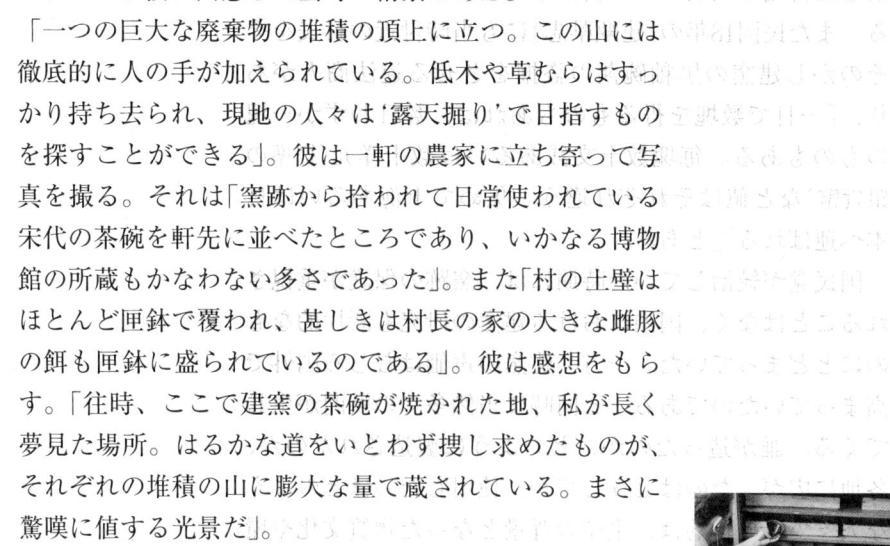

標本を探すプラマー

プラマーと収集の天目碗

界にセンセーションを巻き起こした。プラマーは欧米で建窯瓷碗の生産地をつきとめた第一人者として注目を集め、税関の一職員の身分から陶瓷史研究の専門家へとなっていくのである。その著"Temmoku, a Study of the Ware of Chien"は1972年に出光美術館から出版され、建窯を研究する上で欠かすことのできない文献となっている[13]。

　1949年10月に新中国の誕生が宣言され、文化財に関する活動にも新しい時代が訪れる。これ以降、建窯に対する科学的な調査や発掘作業が徐々に活気を帯びたものとなっていく。1954年に華東文物工作隊によって建窯遺跡に対する第一次の調査が行われたのを皮切りに、省、県の各部門による数回の調査を経て、建窯遺跡の正確な位置、自然環境、全体の配置と規模などがおおよそ明らかにされた。

　建窯遺跡は現在の建陽市水吉鎮の後井村、池中村一帯にあり、西南の建陽の市街から22.5キロ、南は建甌市街まで35キロ、北は水吉鎮まで4.5キロに位置している。

建窯蘆花坪遺跡の堆積

蘆花坪遺跡発掘状況
（1977年）

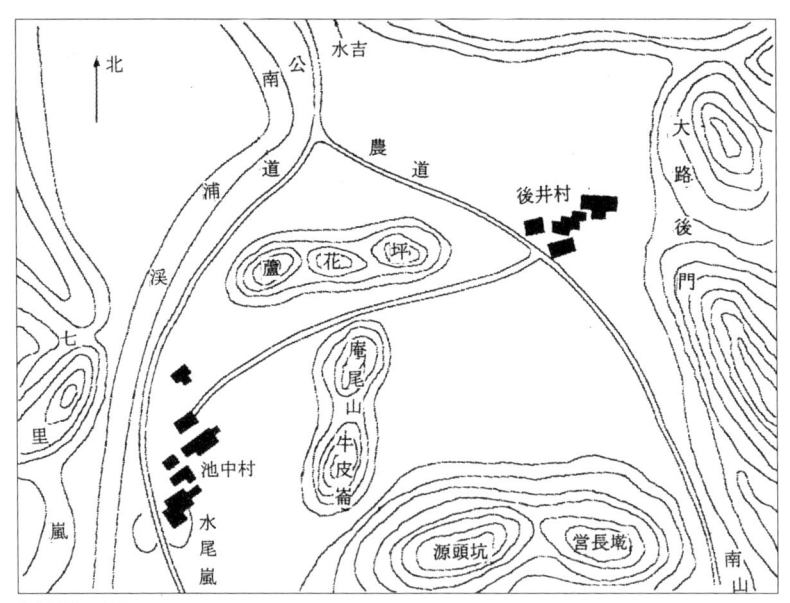

建窯遺跡の地理

　後井村は遺跡の中央よりやや北にあり、池中村はその西南にあって2キロほどの距離がある。西部は公道と南北に貫流する南浦渓に面している。上流にさかのぼれば浦城県に達するその流れは閩贛〔福建省と江西省〕の省境武夷山脈と閩浙〔福建省と浙江省〕境界の仙霞嶺に発している。下流では合流して建渓となり、さらに閩江に流れ込んで海にまで達している。これは古くから閩北の水陸運輸の主要幹線の一つであった。遺跡の東3キロの南山村には埋蔵量に富む瓷土鉱山があり現在も採掘が行われている。遺跡は丘陵盆地にあって、周囲を武夷山の支脈が囲み、森林が多く谷川の流れや湧水も一年中涸れることはない。この恵まれた自然環境が原料や燃料の供給など窯業の発展に大きな力となり、また円滑な水運の便は製品の搬出に有利な条件となったのである。

　窯の廃品の堆積はその多くが丘の斜面に分布し、大量の窯道具・瓷片などで饅頭形に盛り上がっている。高さは10ないし20メートルに達し、遺跡の総面積は11万平方

メートルある。窯跡は次の８ヶ所が確認されている。

| | |
|---|---|
| 蘆花坪（ろかへい） | 黒瓷と青瓷の堆積 |
| 大路後門 | 黒瓷と少量の青瓷、青花の堆積 |
| 牛皮崙（ぎゅうひろん） | 黒瓷と青瓷の堆積 |
| 庵尾山（あんびさん） | 青瓷、黒瓷の堆積 |
| 源頭坑 | 黒瓷堆積 |
| 水尾嵐（すいびらん） | 黒瓷堆積 |
| 営長墘（えいちょうけん） | 黒瓷、青白瓷の堆積 |
| 七里嵐 | 黒瓷堆積 |

　このうち南浦渓沿いの水尾嵐に船着場の倉庫に関連した遺物の堆積が見られるほかは、すべて廃棄された焼造遺物の堆積からなっている。瓷片資料は黒瓷が主で、青瓷、青白瓷がこれに次ぎ、青花が最も少ない。後三者の瓷器は諸文献の記載には見られないものであるが、建窯の文化内容の総体はこれらすべての陶瓷器を含めて構成されていたのである。

牛皮崙遺跡全景

　1960年以降、厦門（アモイ）大学、福建省博物館、中国社会科学院考古研究所などの諸機関により、建窯遺跡に対する正式な考古発掘が相次いで行われ、四次にわたる発掘の成果として窯道具・工具・瓷器標本など1万余件の資料が得られている。毎回の発掘状況を簡略に表に示しておくことにする。（表２）

## 発展の道筋と内容

　考古発掘で得られた資料をもとに、建窯の歴史的発展の道筋がおおよそ描けるようになってきている。

　晩唐から五代にかけての時期は建窯の初期段階で、遺跡は庵尾山、蘆花坪、牛皮崙の３ヶ所にあり、規模も小さく、青釉器が主に焼成され、褐釉器がこれに次いでいる。

　青釉器の胎土はおおむね灰色から灰白色を呈し、水簸〔水漉し〕（すいひ）が不充分のために粒状の夾雑物が多く見られる。

表2 建窯遺址発掘簡況

| 序次 | 発掘年 | 発掘単位 | 発掘地点、層位及窯址編号 | 窯体 | 出土の窯具、工具 | 出土品 | 推定年代 | 資料出典 |
|---|---|---|---|---|---|---|---|---|
| 第一次 | 1960年 | 廈門大学人類学博物館 | 蘆花坪遺址探溝〔トレンチ〕第二層 60T1JSCL② 60T2JSCL② | | 匣鉢、墊餅(有"供御""進盞"銘文) | 黒釉碗 | 宋代 | 「福建建陽水吉宋建窯発掘簡報」「考古」1964年1期 |
| 第二次 | 1977年 | 福建省博物館及廈門大学歴史系、建陽県文化館 | 蘆花坪遺址探方〔グリッド〕第三層 | | 托座 | 青黄釉碗.灯盞等 | 晩唐五代 | 「福建建陽蘆花坪窯址発掘簡報」「中国古代窯址発掘報告集」文物出版社、1984年 |
| | | | 蘆花坪遺址探方第二層 | 塼築龍窯残斜長56.1m. | 匣鉢、墊餅(有"供御""進盞"銘文)、墊柱、照子、撥手、軸頂碗等 | 黒釉碗(有的輪高台内底刻"供御"或"進盞"銘文) | 北宋中期あるいはやや晩 | |
| 第三次 | 1990年 | 中国社会科学院考古研究所、福建省博物館聯合考古隊 | 源頭坑遺址 90STY2 | 龍窯 | 匣鉢、墊餅(有"供御""進盞"銘文)、墊柱、照子、軸頂碗、籠、撥手等 | 黒釉碗(有"供御""進盞"銘文碗底残片) | 北宋 | 「福建建陽水吉北宋建窯遺址発掘簡報」「考古」1990年12期 |
| | | | 大路後門遺址 90SJY3 | 塼築龍窯斜長135.6m. | | | | |
| | | | 大路後門遺址 90SJY1 (Y3に重複) | 塼築龍窯斜長123.6m. | | | 北宋晩南宋初 | |
| 第四次 | 1991至1992年 | 中国社会科学院考古研究所、福建省博物館聯合考古隊 | 庵尾山遺址 92SJY5 | 焼塼未焼塼築龍窯、残斜長74.6m. | 托座 | 青釉、醬釉罐等 | 晩唐五代 | 「福建建陽県水吉建窯遺址1991~1992年度発掘簡報」「考古」1995年2期 |
| | | | 庵尾山遺址 92SJY10 | 竹木枠、泥土、未焼塼築龍窯、残斜長80m. | 托座 | 青釉碗等 | 晩唐五代 | |
| | | | 庵尾山遺址 92SJY8 (Y10に重複) | 構造同上、有三重壁：Y8③斜長96.5m. Y8②斜長60.4m. | 托座 | 青釉碗、罐、執壺等 | 晩唐五代 | |
| | | | | Y8①斜長39.7m. | 匣鉢 | 黒釉碗 | 五代晩北宋初 | |

| | | | | | | |
|---|---|---|---|---|---|---|
| 第四次 | | 大路後門遺址 91SJY4 | 塼築龍窯 斜長 86.5m. | 匣鉢、塾餅 | 黒釉碗類、Y1、Y3と基本的に同じ | 北宋～南宋早期 |
| | | 大路後門遺址 92SJY9 （Y4後段に重複） | 龍窯、既発掘部分 斜長 31.3m. | | | |
| | | 営長垱遺址 92SJY7 | 塼築分室龍窯 斜長 118 m. | 匣鉢、塾餅（有"供御""進盞"銘文）、塾柱 | 黒釉碗 | 南宋中晩期 |
| | | 営長垱遺址 92SJY6 （Y7に重複） | 塼築分室龍窯 斜長 41.9m. | 塾鉢、支圏、支座、箍、軸頂碗 | 青白釉碗、盤、洗、香炉、罐、瓶、壷等 | 南宋晩～元代初期 |

　表面を指で摩すると凹凸感があり、焼成後に亀裂を生じた例もある。釉の発色は青緑、青黄、青灰、黄褐色などが見られ、施釉方法は「浸し掛け」あるいは「刷毛塗り」で、施釉は一般に底部には及ばず、下半から高台まで露胎となっている。ごく一部、薄くムラなく施釉され、高温下の良好な焼成で胎と釉が堅固に焼結し、ガラス質に富んだ艶やかな肌と澄んだ色合をもつ成功例もあるが、多くは施釉にムラがあり、低火度のためか熔着が不充分で、釉流れが見られ剥落も生じがちである。器形には盤口壷、双耳罐〔壷〕、碗、碟〔皿〕、盞、水注、盒、薬研などがある（カラー図版1～3）。

　褐釉器の胎土は灰色で釉層はやや厚く、暗灰色に発色し、釉流れがしばしば見られる。時に釉層中に青緑色の反射光が認められるが、宋代建盞の兎毫文の窯変とは遠く隔たっている。釉色は濃い褐色で、主要な器形は罐〔壷〕の類である。

　出土した窯道具の托座〔支焼台〕は、中ほどが括れた円

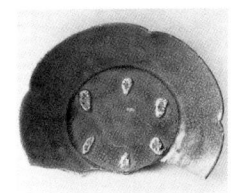

青釉輪花碗

青釉水注

青釉薬研

柱形で上面は平らであるが、底はふさがず中空となっている。器物と熔着している資料から、窯詰めの方法は托座を使用した重ね積みが主であったことがわかる。碗、碟などの内外面には、5から7、最多の例では12の目跡（めあと）が残されていることなどから、同規格あるいは大小の器皿を上下に重ねて焼成したものと推定される。水注や罐などは一件ずつ托座の上に置いて焼成された。托座の表面にはしばしば文字や符号が刻みつけられている。刻字には「張」「呉」「徐」「唐」「余」などの姓氏や、「本」「末」など窯内の位置を示すもの、漢数字や符号などがあり、共同で運営される民間工房という窯場の性格がうかがわれる。

　造形の面から見ると、碗・碟では敞口（しょうこう）、撇口（へつこう）（24頁参照）あるいは輪花形があり、底部は内刳り（うちぐり）を入れない平底実足のものと輪高台とがある。盤口壺や双耳罐の最大径は肩部あるいはその近くにあり、耳は手提げのつるのように環状に作られるなど、福建省の晩唐期の墓葬から出土した青瓷器の特徴に共通する形式をもっている。また碗、碟、盞、盒、水注、罐など種々の器皿の形は、浙江省の越州窯の晩唐五代期のそれにも通じるものがある。成形面での輪花の流行、胴を瓜割りにする形式、托座による窯詰めなどいずれも越州窯と軌を一にしている。敞口、折口〔折り縁〕、唇口〔玉縁（たまぶち）〕の碗は、五代期の南京市郊外の南唐二陵から発見された器皿と造形的に同じで、時代の特徴を鮮明にあらわしている。

　陶瓷史の上で、唐時代はいわゆる'南青北白'〔南の青瓷、北の白瓷〕の状態にあったといわれてきた。浙江省の越州窯は江南窯業を主導する立場にあり、その陶芸技術は周辺の地域に大きな影響を与えた。建窯の初期の青瓷は越州窯とよく似ており、両者の密接な関係を物語っている。窯跡から発見された窯道具に刻られた数多くの名前のなかには、越州窯系統の出自をもつ陶工や職人の名

が含まれているかもしれない。出土した資料の一つの内底に「山下社」の刻銘をもつ青釉碗の破片がある(カラー図版4)。'社'は元来土地神あるいはそれを祭る場所の意味を持ち、そこから後に'里'に相当する地方行政の末端組織の名称ともなった。古くは一般に25家あるいは6里四方の範囲をもって一社とした。この碗が作られた晩唐五代には、建窯の地にすでに一定規模の集落が形成されていたことがわかる。

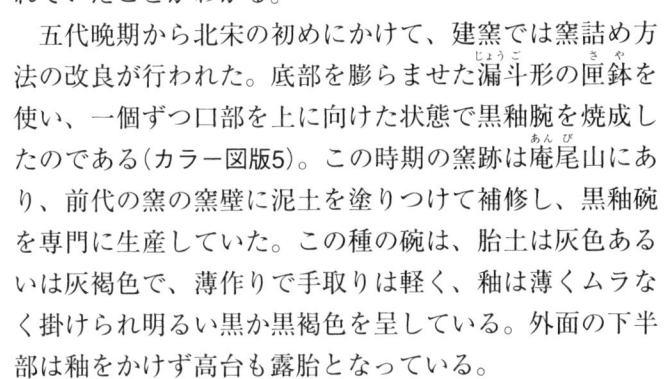

「山下社」銘青釉碗

五代晩期から北宋の初めにかけて、建窯では窯詰め方法の改良が行われた。底部を膨らませた漏斗形(じょうご)の匣鉢(さや)を使い、一個ずつ口部を上に向けた状態で黒釉碗を焼成したのである(カラー図版5)。この時期の窯跡は庵尾山(あんび)にあり、前代の窯の窯壁に泥土を塗りつけて補修し、黒釉碗を専門に生産していた。この種の碗は、胎土は灰色あるいは灰褐色で、薄作りで手取りは軽く、釉は薄くムラなく掛けられ明るい黒か黒褐色を呈している。外面の下半部は釉をかけず高台も露胎となっている。

匣鉢に入れられた黒釉碗

碗形は斂口(れんこう)で2種に分けることができる。一方は浅めの碗の上部を真っすぐに立ち上げ、口縁をわずかに内傾させ、内底の中心部がやや盛り上がり、低い輪高台となっている。もう一方は、高さに対して径が大きく、側壁は弧を描いて広がり、口縁がわずかに内傾した碗で、内底は厚くやや盛り上がり、低い輪高台に作られている(カラー図版6)。この時期の黒釉碗は口径に比べて高さのない浅めの形が多く、胎釉ともに薄く内底中央がやや盛り上がる点などを特徴とする。それは宋代に流行した建盞がもつ厚胎厚釉とは趣を異にし区別されるが、建盞の先駆けであることは間違いない。

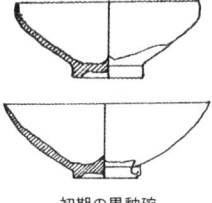

初期の黒釉碗

北宋、南宋の時代は建窯が隆盛を極めた時であり、窯場の規模は拡大し建窯を代表する基準作例、建窯の典型である黒釉瓷器が大量に焼成された。器種は碗の類がその大半を占め、それは建窯文化独特の指標となっている。

黒釉碗

第1章◆建窯の地理と歴史　*19*

碗のほかには、燈盞〔油皿〕、杯、鉢などの器形が少量見られる。宋代の建窯黒釉瓷器の盛衰については第3章で詳しく述べることにしたい。

　南宋時代の晩期から元時代の早期に青白瓷の焼成が始まる。営長墩(えいちょうけん)で発掘された6号窯からは青白瓷が出土しているが、その窯は黒釉器が窯内から発見された7号窯の上に重なって築かれていた。出土した器皿は薄作りで軽く、純白の胎土は堅く焼きしめられていた。やや青味を帯びた釉肌は気品のある潤いをたたえ、陽光や燈火の下では玉のような質感を見せる。

　釉の発色をつぶさに観察した結果、3種の色合が認められた。一つは白色のなかに青味を帯びる標準的な青白色、一つは青白色に灰色が感じられるもの、そして青白色にほのかに肌色味が浮かぶものなどである。これらのほかに黄味を帯びた例もあるが、これは焼成不足の不良品である。器形には碗、盤、洗、香炉、罐、水注、瓶などがあるが、碗、盤、洗などは圏状の支焼具(リング)を使って重ね焼きしたために、支焼具と接する口縁部の釉は削られて'芒口(ぼうこう)'〔口ハゲ、ザラザラ感を評した古くからの用語〕となっている。

　施文の技法としては型押しと刻割(こくかく)の2種があり、型押し文様には蓮花、向日葵(ひまわり)、飛鳳、蘆雁、童子唐花などがあり、刻割文様には流雲、双魚、櫛描き、蓮花、蓮弁、菊花などがある。陶芸技法から判断すると、営長墩窯跡の青白瓷は、江南の名窯である景徳鎮の湖田(こでん)窯に倣ったものと考えられ、そこには共通する時代の特徴が示されている。

　元時代の早期に建窯は廃止される。建窯において青花瓷器が発見される地点は、大路後門の一遺跡のみにとどまっている。器形には碗、盤があり、白色の胎土は堅く細緻に焼きしまり、釉の熔融も良く、青花の発色は明るく鮮やかで、文様には花卉折枝や書生人物などが見られ

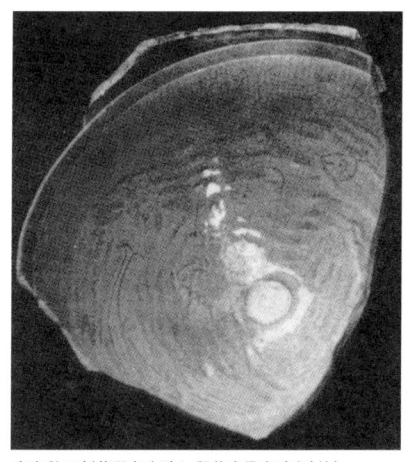

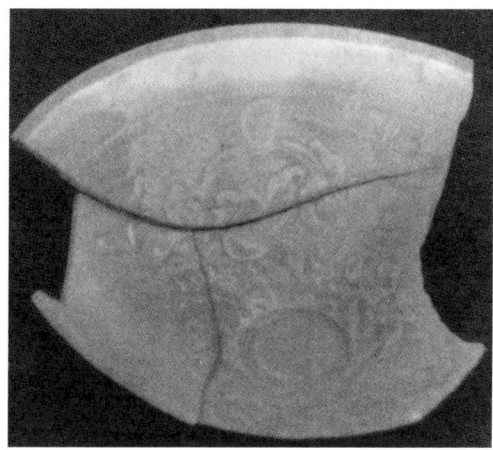

青白釉の刻花双魚文碗と印花童子文碗(破片)

る。それらは福建省徳化窯の清朝晩期の作例に通じるもので、あたかも建窯の廃滅後500年を経た後の挽歌のようである。建窯の歴史を通覧すれば、晩唐五代に起こり、宋代に栄え、元代に衰亡し、清代に復興の兆しを見せたというのが大まかな道筋といえる。

## 第2章 典型的な建盞(建窯瓷碗)とその特徴

　黒釉瓷器は酸化鉄を呈色剤とするもので青瓷から派生した。今から3000年以上前の商〔殷〕時代、中国ではすでに原始的な青瓷の焼成が始まる。後漢の時代になると浙江省の上虞、寧波、慈溪、鄞県などの地で青瓷器が焼成されると同時に、黒瓷の焼成も部分的に行われたと考えられる。南朝から唐代にかけて浙江省の越窯系の窯場では大量の青瓷を生産するかたわら一定量の黒瓷をも焼成した。しかし長い間、黒釉瓷器は一見単調で眼を引きにくい釉色、実用に則した形、生活の中の器であったことなどからか、とり立てて関心が払われることはなかった。宋代に入り建窯が登場すると、黒釉瓷器の生産は一気に熱を帯び、世人の注目を集めるようになる。胎釉、造形、装飾などはもちろん、実用と鑑賞という分野にも新しい局面が現出したのである。

徳清窯黒釉四耳壷

上虞窯黒釉瓷片

### 古樸重厚な造形

　宋代に建窯で焼成された黒釉瓷器はそのほとんどが碗の類であり、宋代の文献では「甌(おう)」または「盞(さん)」と呼ばれ、「建盞(けんさん)」と総称された。甌とは碗のことで、盞も本来は碗より小振りの器皿であることから、一種の小碗である。出土品や伝世品を通覧すると碗もあれば盞もある。本書では具体的な作品におよぶ際は碗と称し、広く言う時には簡潔な建盞の名称を用いることにする。

　これまで知りえた建盞の調査分析から、宋代の陶工は一定の規格に準じて成形を行ったことが判明している。具体的には碗は三つの大きさのグループから構成され、

大型碗は口径15センチ以上、中型碗は口径11〜15センチ、小型碗は口径11センチ以下である。建盞の造形的な特徴は大きく開く口部と小さな高台にあり、横から見ると漏斗のような形であるが細部は異なる。考古形式学の原則に基づき、口部の形を手がかりに腹部や底部の形の違いを関連づけながら分類すると、建盞を束口、斂口、撇口、敞口の4種の類型に分けることができる。

**束口碗**　口縁部に屈曲をもつ碗。腹部からなだらかに挽き上げられた碗は口縁下辺で内に入れられ、その部分は浅い溝状となって器の外周をめぐっている。内側では反対に膨らみが見られることとなる。口縁や腹部の形の違いから次の3種に分けられる。

**A式束口碗**　口縁の先端部を外に開いた深い碗。平たく小さな内底から緩やかに弧を描きながら腹部を広げ、その上辺で立ち上げ気味に角度を変えて口縁へ向けている。量感にとみ、強靭さのなかに曲線が醸しだす優美さを兼ね備えた造形で、建窯を代表する器形となっている。中型の例が最も多く、小型は少なく大型のものはほとんど見ない。一般に口径と通高の比は2対1あるいは2よりやや小さい。

**B式束口碗**　ごくわずかに口縁の端を外に開く、あるいは屈曲部が不明瞭な口造りで、丸味のある外観を呈し全体にずんぐりとした印象を与える。小型の器が多く、中型大型の例は少ない。口径と通高の比は2対1か、2よりやや大きい。

**C式束口碗**　大きく口部を開いた碗で、口縁部を外に折り広げている。かすかに弧を描きながら斜めに伸びる腹部をもち、内底の中央部が盛り上る例が多い。外観は斬新にして秀麗である。口径は通高の倍を超え、大、中、小すべてがある。大型器は深く、口部の折り縁もはっきりと造られるが、小型器はやや浅目で折り縁の線も不鮮明である。

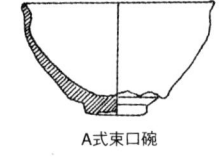

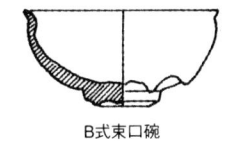

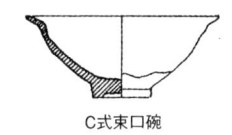

A式束口碗

B式束口碗

C式束口碗

束口碗各部の名称

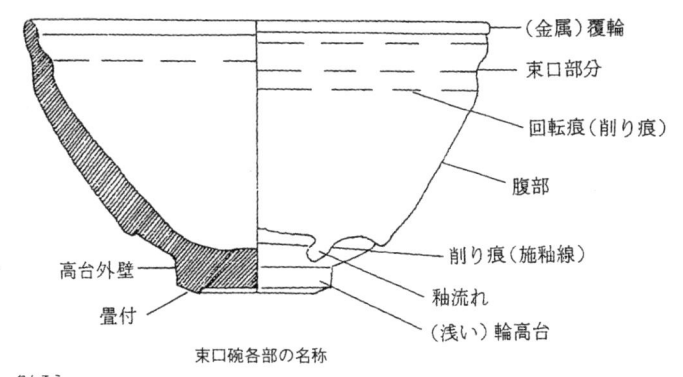

（金属）覆輪
束口部分
回転痕（削り痕）
腹部
削り痕（施釉線）
釉流れ
（浅い）輪高台
高台外壁
畳付

　**斂口碗**（れんこう）　腹上部から口縁に向けてやや内に抱え込む印象の碗で、丸々とした豊かな外観をもち、腹部の深浅の別によって2種に分けられる。

　**A式斂口碗**　浅めの造りで、側壁の弧状の印象は強い。すべて小型の器からなり、口径と通高の比は2対1か2より大きい。

　**B式斂口碗**　器身は深く腹上部はほぼ垂直に立ち上がり、裾部は円弧状をなす。小型器が多いが中型器も混じる。口径と通高の比は2倍を越えることはない。このほかにもう一つ、口縁の抱え込みが強く腹上部から口縁部にかけての丸味が際立つ斂口碗の形式がある。この場合は裾から小さめの高台にかけていっきに絞る。高台内に「茶」の一字を刻した例が発見されている。（カラー図版11）

　**撇口碗**（へつこう）　口縁をラッパ状に大きく開いた形の碗で、腹部の輪郭は弧状を呈している。深浅の別によりA、B2種の形式に分けることができる。

　**A式撇口碗**　やや浅めの造りながら、重心を下げた量感のある外観を呈する。大中小すべての型があり、口径は通高の2倍を越える。

　**B式撇口碗**　秀抜な形の深目の碗で、大型と中型がある。口径と通高の比はおおむね2対1である。

　**敞口碗**（しょうこう）　ほとんど一種の形式からなるといってよい。直線的あるいはかすかに弧を感じさせながら大きく開い

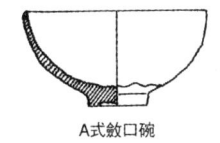

A式斂口碗

B式斂口碗

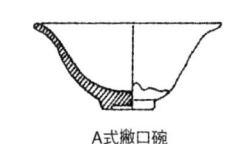

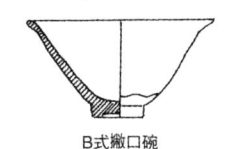

A式撇口碗

B式撇口碗

敞口碗

た浅めの碗で、中、小型の例が見られる。口径は通高の2倍を越える。

　上述の各類型の碗のなかでA式束口碗、斂口碗、敞口碗はこれまでの発掘調査において最も多く見られるもので、建窯を代表する典型的な器物といえる。なかでもA式束口碗は独特な風格を示すもので、建窯で造り出された最も優れた造形ということができる。撇口碗、敞口碗はともに宋代に流行した形で、宋代の文献ではしばしば'擎(へっ)'の字で表されている。

　よく知られているように、瓷器の製作は、瓷土の粉砕、水簸(すいひ)、土練り、成形、施釉、窯詰め、焼成という一定の工程を経て完結する。建窯では鉄粉をやや多く含む手近にある瓷土が用いられた。また宋代の閩北地区ではすでに水力を利用した碓(からうす)などの穀物粉砕施設が普及し、瓷土の粉砕や水簸の工程にもそうした機械や施設が使用されたと思われる。建盞の胎土を仔細に観察すると、小さな白褐色の砂粒を数多く含むことが認められる。しかしそれらは均一に分布し、細粗不揃いの砂粒の混入はほとんどない。指でこすればザラザラした感じはあるが、大きな亀裂や隙間の発生は全く見られない。これが水簸を経た瓷土を充分な「寝かし」の期間を経て熟成させ、念入りな練り込みによって粘性にとむ素地土(きじつち)を作るという「土造り」の工程、そして良好な焼成条件などが満たされた胎土の表情なのである。瓷土のなかの微細な成分は高温を受けて緻密な構造へと焼結し、あたかも鉄のような堅牢な器体が生み出される。胎土は灰黒色を呈するものが多く、濃い灰色がこれに次ぐ。灰色あるいは紅褐色の例もあるが、これらは小型の碗に多い。この胎土の呈色の変化は、焼成時の窯内の位置によるものと思われる。窯内の中央から離れた部位に窯詰めされた器皿は火度不足や急激な温度変化などに見舞われたのであろう。

　建盞の成形には轆轤(ろくろ)が使用された。出土品には輪状(リング)の

箍、軸頂碗〔軸承け〕、撥手などの瓷製部品があり、轆轤の構造がおおよそ復原できる（下図）。轆轤の回転体は木製の筒と円盤からなり、硬木製の心棒を中に通す。木筒の下端に箍を嵌めて回転の安定をはかり、円盤下部中央には、強くかつ摩擦の少ない瓷製の軸頂碗が埋められる。轆轤の設置は、まず地面に穴を掘り、先端が地面上に出るようにして心棒を土中に挿す。木筒は円盤に覆われ、軸頂碗は心棒の形に合わせて断面台形に作られている。円盤の上面には回転の際の手がかりとなる撥手が嵌め込まれる。素地土は円盤中央に置かれ、随意にさまざまな碗形に挽き上げられる（下図）。こうした簡素な

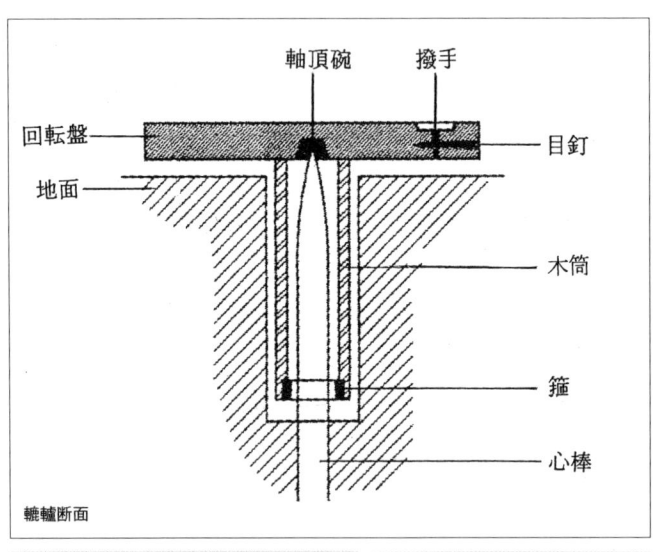

轆轤断面

轆轤部品　黒釉軸頂碗　　　轆轤部品　黒釉撥手

轆轤の使用は非常に長期間にわたり、現在でも福建省と浙江省の山間部にその遺例を見ることができる。建盞の器体は平面円形で、遠心力を利用した轆轤による成形は簡便で効率のよい製作手法であった。

　成形の技術的側面から建盞の特徴を観察してみよう。口縁部は薄くその尖端は丸く整えられている。口縁から下がるにつれて徐々に厚味を増し、腹下部や底部では口縁の2倍ほどにもなる。水挽き成形で基本的な形が作られた後には整形、修整が加えられる。口縁部と腹部の接する部位には回転による削り痕が見られ、腹下部と高台の接する部位の素地は、回転を利用しながら箆や鉋などの整形工具で削り取られ高台が出来あがる。この削りと隣接するところにははっきりとした稜線が生じるが、この線は施釉の際には目安ともなったと推測される。器を釉に浸す限界を示す線との意味で、ここでは'施釉線'と名づけておく。この線と高台付け根の間の削り面は、直線状かわずかに弧を描き、高台を回るその幅はおおむね均一で、削り面と高台の作る角は一般に鈍角となっている。高台は垂直に削り出され、畳付は平坦かわずかに傾斜させる。高台は低く浅い内刳りで実足と見間違うほどある。高台内壁はやや傾きをもち、底は平らで回転痕や目跡はない。高台の径は器型の大小に比例し、小型器は狭い高台、大型器は広い高台となっている。ただし全体の印象からすれば建盞の高台は小振りだということができる。畳付の幅の広い、いわゆる'蛇の目'状の高台の例は見ない。

　建盞は整然とした造形感覚に特徴があり、それは口縁部と腹部の屈曲、全体を包む滑らかで抑揚にとんだ輪郭によく表わされている。一定の規格のもとでの反復がつくり出した轆轤の技の円熟が、謹厳な作風を追求、実現させた。渾厚古樸と評される建盞の美的情趣はそこから醸し出されるのである。

## 変化に富む釉色

　成形を終えた碗は「浸し掛け」の方法で施釉された。発掘された資料などから施釉の手順は次のようであったと推測される。

　まず乾燥させた碗を裏返し、高台をつまんで水平を保ちながら釉液に浸し、腹下部の施釉線で止め、しばらく緩やかに回す。釉を充分にムラなく胎に吸着させ、胎釉がなじむのを待って引きあげ、乾燥を経て窯詰めし焼成に至る。焼成後の碗では通常釉の流下現象が見られ、口縁部の釉層はわずか1ミリほどにまで薄くなり、釉色もほとんど露胎といえる茶褐色を呈する。下方に向かって厚味を増した釉は、内底中央や外底近くでは7～8ミリもある。外面の釉は流下して施釉線に至り、釉溜り（だま）となって器を回っている。中には流下した一部が施釉線を越え、裾や高台にまで至り、滴状（しずく）に凝固した例もある。『新増格古要論』にいう、建盞の「滴珠の大なるは真」とはこうした状態を指して言っているのであろう。

　資料の断面を見ると、釉と胎の結合は良好であり、釉層は緻密堅硬で強いガラス質を示している。

　中国陶瓷の釉はその物理的特性からガラス状釉、結晶釉、分相釉〔互いに熔融せずに異なる成分に分離する釉〕の3種に分けられるが、建盞の釉は基本的に結晶釉に属している（38頁以下参照）。その釉は焼成温度、窯内の雰囲気などの条件によって変化に富んだ表情を釉面に浮き上がらせる。それは文様のようでもあるが、釉下彩（ゆうかさい）〔青花など〕や釉上彩〔五彩など〕とは異なり、人為的に描いたり彫ったりした文様ではなく、釉それ自体が炎を受けて変化したものである。陶芸の用語では'窯変'と称されている。建窯の声価を高めたものはまさにこの結晶釉が織り成す窯変文様にあった。しかし技術的な制約から、その文様が一つの形に固定化されないことはもちろ

ん、すべての建盞に窯変が生じるわけではなく、焼成後の釉面は複雑で変化に富んだものとなっている。

　それらは黒色釉、兎毫釉（とごう）、鷓鴣斑釉（しゃこはん）、毫変釉（ごうへん）、雑色釉の５種に分類することができる。黒色釉は建窯本来のものであり一定量の遺例を見るが、他の釉の場合にもそのほとんどが黒釉を地釉とし、その釉肌に文様を浮かび上がらせたものなのである。雑色釉は黒色釉と区別されるもので、一般に窯変文様はなく、またあっても不鮮明で、副産品という性格が感じられる。兎毫、鷓鴣斑、毫変はいずれも結晶が充分成長し、特徴的な窯変文様となって現れた釉である。本書では黒色釉、雑色釉を本節の‘釉色’の中で扱うこととし、兎毫、鷓鴣斑、毫変は次節の‘文様’の中で述べることとしたい。そうすることで窯変が陶芸技術の分野で達成した独自な世界を際立たせることができるであろう。

### 烏黒・紺黒・青黒

　釉掛けはすべて同質釉の一回施釉を基本とする。呈色の異同によって次の３種に分けられる。

　一は純黒色のもので、烏黒（うこく）と形容される深い黒色は漆のように光沢があり、後代の人々は烏金釉とも呼んだ。

　二は藍黒の呈色。黒色の中に天青色〔赤味のある黒色〕が浮かび、潤いのある釉肌を見せる建窯の典型的な釉色。宋代の文献には‘紺黒’の形容で見え、詩文に‘紫甌（しおう）’と謳われる碗もこの釉色を指すと思われる。明清期の陶書では‘紫建’と称される。なかでも釉が厚く深い色合いの碗を、宋代の文献は‘青黒’と表現する。遺例の稀な釉色である。

　三は黒褐色釉で、黒色のなかに黄味や赤味が混じり、釉面の照りは少ない。

**雑色釉**

　これもまた一度掛けの施釉であるが、焼成の過程で黒色以外のさまざまな色調に発色したものである。その釉の成分は黒色釉と同じではあるが、焼成条件によって発色に変化を生じた例で、窯業生産の規準からいえばそのほとんどは欠陥品、不良品に属する。次の4種が見られる。

　一は褐色釉で赤味を帯びた茶褐色の例が多く、灰褐色や黄褐色の例もあり、明暗の違いもある。釉層は薄く光沢も強くはない。細かい貫入〔釉面に現れるひび割れ〕が見られるもの、褐色の小斑点の一群が所々に分散するものもある。釉の流下現象は少なく、口縁部は鉄錆色を呈する。

　二は白色釉で、米黄〔黄味を帯びた白〕、灰白あるいは乳白色が見られる。釉層には厚薄のムラがあり、貫入が走る例や釉肌に凹凸感のあるもの、点々と夾雑物の残留痕が現れる例など火度不足で生熔けの状態にあることがわかる。

　三は紫色釉。この釉の碗では口縁部の釉が厚く裾部分では薄くなり、皺状の釉の縮みも見られる。露胎部は赤褐色。

　四は青緑色釉で、深緑あるいは青褐色(オリーブグリーン)を呈している。釉は均一に施釉され、ガラス質の感が強く、貫入が見られる。

## 美しく珍しい文様

　建盞の窯変文様は多彩な変化を見せることから、古今内外の研究者による命名の試みも各人各様一長一短で統一された名称は確立されていない。しかし宋代の文献によりながら発掘資料や伝世品に検討を加えてゆけば、一見変幻極まりない文様の整理分類も決して不可能なことではない。建陽の人祝穆は『方輿勝覧』のなかですでに

大まかな分類を行っている。その文中で「兎毫琖 甌寧の水吉で造られる。黄魯直（黄庭堅の字）の詩に曰く、建安が瓷碗の鷓鴣斑という。また蔡君謨（蔡襄の字）の茶録に曰く、建安の造る所の黒琖の斑文は兎毫の如しと。しかし毫色の異なったものは土地の人たちがこれを毫変琖といって、その価は甚だ高く且つ得ることが難しい[14]」と簡潔にして要を得た記述がある。

祝穆はここで先人の所見を概括するにとどまらず、'毫色の異なる'類に着目し、建窯の現地の人の呼称をとって毫変琖と紹介している。適確な方法、創見といっていいだろう。建盞の窯変文様はすでに宋代に、兎毫、鷓鴣斑、毫変の3種類に分けられていたのであり、現在知られる発掘資料や伝世品の文様もすべてこの範疇に含まれる。

## 繊細流麗な兎毫文

兎毫文〔わが国では兎毫を禾目ともいう〕は窯変のなかでは最も多く見られ、黒色の釉のなかに浮かび上がる細密な線条を兎の毛の細かくしなやかな様に喩えて呼んだ名称である。毫文の色には、灰白、灰褐、黄褐、青藍、藍灰など各種があり、'銀兎毛'、'金兎毛'、'藍兎毛'などとも俗称される。とりわけ銀色の光芒が器面を流れめぐる窯変は声価が高く、京都国立博物館に所蔵される束口碗はその稀有な一例である（カラー図版17）。同館にある別の撇口碗は堂々とした器形、青藍色の兎毫文の間に指跡様の毫変文をもつなど独特な雰囲気を醸し出している。（カラー図版18）

黒釉兎毫碗

黒釉兎毫碗

## 斑文鮮やかな鷓鴣斑

遺例の数は兎毫文に次ぐものの、文様の形状は変化に富み、見る者を困惑させることも少なくない。宋代の文献でこの類の碗に触れる最初の例は、北宋初年、陶穀の

『清異録』で、「閩中では盞を造る。花紋は鷓鴣の斑点に類し、試茶家はこれを珍ぶ[15]」と述べられている。清、光緒年間の寂園叟（陳瀏の別号）の『匋雅』には「兎毫琖とは鷓鴣斑のことである。ただ鷓斑は文様が寛く、兎毫は針のように細い文様で、少し異なったところがある[16]」と記されている。ここでは2種の文様は毫毛の幅の違いにのみ帰せられ、両者の間に基本的な違いはないかのようである。1950年代には、建窯の窯跡から発見される窯変文様は兎毫のみで鷓鴣斑の遺例は見られなかった。また『清異録』のいう鷓鴣斑は、江西省の永和（吉州窯）の誤りであるとし、建盞の鷓鴣斑の実在に疑問を投げかける意見も提出された。建窯の遺跡から斑文や幅広い線状文をもつ碗の資料が相次いで発見されるようになったのは1980年代に入ってからのことである。その斑点文の例が『清異録』にいう鷓鴣斑であり、また幅広い線状の例も鷓鴣斑に含まれるものだという見解が出されることとなる。両者ともに鷓鴣の羽毛に見られるからである。これについては、景徳鎮陶瓷学院の熊寥氏がその著『中国陶瓷と中国文化』の中で次のように論証されている。

「鷓鴣の羽毛の模様は体の部位によって異なり一様ではない。その背は赤と紫の縞状で外観は鶉や沙鶏〔うずらばと〕に似るが、胸の丸々とした白斑は他の鳥には見られないものである。……宋代の文人が修辞に借りた'鷓鴣斑'の印象はその縞模様にあったのではなく、胸部に見られる真珠のような白羽毛の密集にあったのである。白珠の綴れを撒き流した模様は鷓鴣固有のものであり、衆人の目もそこに注がれた。唐、宋の文献にも同様の事情をうかがうことができる。唐、劉恂の『嶺表録異』に、「鷓鴣……臆前に白い円点がある。背上に紫と赤の毛を間える。その大きさは野鶏くらいで、多くは対て啼く」とある。宋、范成大の『桂海虞衡志』志禽の条に、

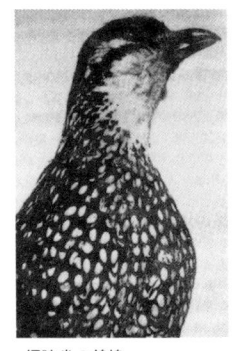

福建省の鷓鴣

「鷓鴣は大きさは竹鶏〔こじゅけい〕くらいでやや長く、頭は鶉くらいで形も文様も似ている。ただ胸前の白点は正円で珠のようである。人が捕えて食用にする」と記されている。范成大のこの記述は非常に明解で、鷓鴣はその胸の白斑を除けば、その他の羽毛の模様は鶉に似ていたというのである[17]」。

　熊寥氏の見解は説得力のあるものといえる。鷓鴣は中国の南方でごく普通に見られる鳥で、福建の民間の俚諺には、「山に鷓鴣肉を食ひ海に馬交魚〔一説に鰆〕を食う」という言葉があるほどである。現在でも閩北一帯に棲息する野生の鷓鴣を観察したことがあるが、体形は山鶉に似てやや大きく、全体の羽毛は黒色でその中に多くの卵形の斑模様が見られ、下部の斑文ほど大き目であった。以上、黒地に白い水玉の模様こそが鷓鴣を際立たせる特徴であったことがわかる。宋代の陶工の日常眼にふれるその鳥の印象は胸に刻まれ、陶芸文様の考案に際して強いインスピレーションとなって、碗盞のなかに見事に意匠化され再現されることとなった。すなわち建盞のこの種の文様では、その基本的な構成要素はまさに斑文にこそ求められるべきで、宋代の文献が伝える'建窯の鷓鴣斑'という表現も線条文ではなく、粗密大小の差はあれ斑文を示しているものと解すべきであろう。兎毫文の場合と同じく鷓鴣斑文の呈色もすべてが白色というわけではなく、数種の色が認められる。それは実際に鷓鴣と通称された仲間に見られる差異の反映でもあった。『清異録』では前掲の文に続けて、「そこで蜀画の鷓鴣を書館にひろげると、江南の黄是甫がこれを見て、鷓鴣には数種があってこれは錦地鴎だと[18]」と記している。

　'花紋は鷓鴣の斑点に類す'という陶穀の言のなかの'類'という字が鍵で、あくまで類似しているのであって、純粋の鷓鴣斑というわけではないのである。黄是甫もまた建盞の鷓鴣斑と蜀画に描かれた鷓鴣を引き比べ、

その文様が鷓鴣の一種錦地鴎だとしている。錦地鴎がどのような模様の鳥であったのか今となっては知る由もないが、福建の地で普通に見られた鷓鴣とは、斑文の分布や色彩などの点で違いが見られたことは間違いなさそうである。

　この斑文には、中国以外の地ではまた別の名称が与えられた。その例は茶の文化が発達した日本に顕著で、14世紀以降の茶道や茶器に関連した文献のなかには'油滴''曜変''星建盞'といった表現がしばしば用いられている。それらの名称は宋代の文献には全く見られないもので、宋代には鷓鴣斑の範疇に含まれていたものと思われる。しかし日本でのこの命名は、近代以後、中国の陶瓷書にも用いられ、すでに広く認められるものとなりつつある。こうした点を考慮しながら本書では窯変斑文の建盞を、正点鷓鴣斑、類鷓鴣斑油滴、類鷓鴣斑曜変の3種に分けることにしたい。

**正点鷓鴣斑**　斑文の形は正円あるいは卵形で大き目であり、色は銀白、純白、卵白、斑文は鮮明で密集して現れた例が多い。静嘉堂文庫美術館に所蔵される建盞（カラー図版28）はその代表的な作例といえる。器形は口部を端反り状に大きく開いた撇口碗で、胎土は灰黒色、釉が流れて裾に厚い釉面を覆う白色の斑点はその大きさはもちろんのこと外観の印象は鷓鴣の胸の模様に瓜二つといえる。高台内に「新」字の刻銘がある。1988年に建窯の水尾嵐遺跡から、高台内に「供御」の刻銘をもつ黒釉碗の破片が発掘された（カラー図版23）。通体に黒釉が施され黄色の兎毫文が生じていたが、何より注目を集めたのはその異色な白斑文であった。碗の内面に大小異なる円形、楕円の斑文は真珠のような白色を見せ、中央部を密に周辺を粗に撒かれたように配されている。人為的に筆などで白釉を注したものであることは明らかであり、通例の一度掛けの窯変文様とは性質を異にする例で、厳

黒釉油滴碗

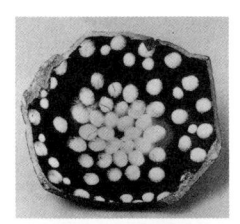

黒釉鷓鴣斑碗

密にいえば二度の施釉による施文ということになる。

宋代の著名な文人黄庭堅に「繊繊〔先の尖った〕の棒もて膏を研す乳を漉がん金鏤の鷓鴣斑に[19]」の詞句があるが、その形容を実証する建盞が発見されたともいえる。

**類鷓鴣斑油滴** 斑点には大小の別があり、銀灰、灰褐、黄褐など諸色を呈する。斑文は密にやや込んだ例もあればすっきりとした印象の例もある。その光景は沸き立つ油面を見るようでもあり、また水面に油の滴を垂らすのに似て不思議な光彩を放っている。文化庁に保管される束口碗（カラー図版25）は、灰黒の胎土に青黒色の釉が厚く掛けられ、釉は流下して高台にまで達している。釉面は銀灰色の斑点で密に覆われ、鷓鴣の斑文に類する作品ということができる。徳川美術館所蔵の一碗（カラー図版26）は束口の形式の例で、胎土は灰黒色で藍黒の釉に厚く覆われている。釉面には細かい斑文が撒き敷かれたように密集し、釉面の藍黒を闇夜の天空と見なせば満天の星が浮かぶ様が連想される。星建盞という俗称が生まれたのも自然のことに思われる。

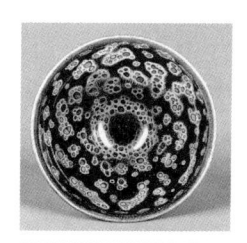

黒釉油滴碗

黒釉油滴碗

**類鷓鴣斑曜変** 円点は釉面の一部に散在して現れる場合もあれば、数点が合わさって虫のような形状を示す場合もある。千変万化に独特の光彩を発することからこの名がある。代表的な作例である静嘉堂文庫美術館の碗（カラー図版29）にその特徴を見ることができる。碗形は口部に軽く屈由をもたせた束口碗で、釉肌に微妙な起伏を見せる黒釉はガラスの質感に似た光沢と相まってこの碗の印象をいっそう艶麗なものとしている。斑文には黄白色を呈するもの、青白色や青紫色の光彩を輪郭に集めるものがあり、その光彩は斑文を縫って放射状にも現れる。碗の見込み中心部の斑文は黒色で光沢は感じられない。曜変の斑文は碗の見込み一面に見られ、形状は一律ではなく、排列にも規則性はない。碗の外側にも青紫色のきらめきが認められるところがあるが、この種の輝き

黒釉曜変碗

は釉面に生じた極めて薄い被膜が起こす光の干渉作用によるもので、見る角度によって光彩も移動する。'神秘の光'と称されるゆえんである。

斑文と青紫色の光彩が曜変の基本的な特徴であり、これは鷓鴣斑が特殊な変異を遂げた例と考えることができる。日本の伝世品の中でも基本的な特徴を具えた曜変はわずかに3碗のみで、建窯遺跡の出土品にも現時点でこの例を見ることはない。

### 稀少な毫変盞

先にあげた『方輿勝覧』中の'毫変盞'の記事（31頁）について後代の関心が向けられることはほとんどなく、その情況は現代考古学のメスが窯跡に加えられるまで続いた。発掘の進展にともない毫変盞の実在が証明されることとなったのである。祝穆の描写から、この文様は次の3つの特徴をもつものであったことが分かる。（1）毫毛状の文様ではあるが、通常の兎毫文とは異なる。（2）文様の発色は兎毫に一般に見られるものとは異なる。（3）遺例が極めて少ない、などである。

1990年の5月に、大路後門にある北宋晩期の窯から出土した束口碗の完器（カラー図版20）は毫変盞が現実の姿を私たちの眼前にあらわした最初の例とされている。報告書は次のように記す。

「光沢のある藍味を帯びた黒釉のなかに幾筋もの光彩の線条が鮮やかに流れ走る文様で、二種の釉色は強烈な対比を見せて照り映え、碗の印象を艶麗で美的雰囲気に溢れたものとしている。この種の釉文の出現は建窯の陶工の傑出した想像力を示すもので、建窯の黒釉瓷の分野に新たな光彩が加えられたといえる」。

ただし報告書では、この碗の名称を鷓鴣斑釉文碗とするが、鷓鴣の特徴である円点状の斑文とは形状を異にするわけで、実態と一致しない命名である。また鉄銹斑（てっしゅうはん）と

黒釉毫変碗

いう呼称もあるが、それは本来褐色か緑褐色に発色する例を指し、この碗には不適切と思われる。これこそ祝穆が描写した、'毫変盞'にふさわしい作例なのである。実際に観察してみればわかるが、その文様は鮮艶な表情に黄色を浮き立たせ、見るものを引きつける。文様の形状は長条形や斑文などからなり、様相を変えながら毛筋のような尾を曳いて釉面を流れ、あたかも雛鳥の和毛(にこげ)を想わせる。碗の内外面とも黒釉上にこうした文様が見られる。

　1990年、大路後門の窯跡で採集された束口碗の破片では、黒色と赤色が相互に放射状を呈する文様が見られ、前掲の碗との比較からこの碗も毫変盞の一種と考えることができる。

　1993年の9月には、福州市北大路の工事にともなって、北宋中期から南宋晩期の地層が確認され、同時に一件の黒釉束口碗が発掘されている。口縁は褐色を呈し、外面の釉は底部におよばず、胎土は鉄黒色、釉面には橙褐色の斑文がある。黒釉上には灰藍色の兎毫文と橙褐色の条斑文が浮かび、建窯の産と考えてよい。毫変盞のグループに属するものであることは間違いない。

　これまでのところを整理してみると、毫変文の主な特徴は、線条、斑文が満遍なく器面に現れ、発色には黄、赤、橙褐色があるということになる。

　1990年の窯跡発掘の際に一定数の彩点、彩斑をもつ器皿や破片が出土している。彩点というのはすべて黄褐色の釉上に藍緑色の円点が配されたものであるが、発見されたのは未焼成で、彩斑は花弁のような黄斑をもつ黒褐釉の例で、半製品であった。こうした彩点や彩斑は二度にわたる施釉によるもので、地の釉を施した器面に別種の釉を円点や斑文の形に注したものなのである。円点は焼成後に鷓鴣斑文となり、斑文は毫変文となる。こうした釉斑を用いての加飾は、窯変で自然に生じた文様の模

倣にはじまることは明らかであり、さらに進んでいっそう魅力ある文様を産み出そうとした努力の表れでもある。その出現年代も黒釉の一度の施釉の例より降るものと考えられる。

## 神秘なる建窯の陶芸技術

建窯黒釉瓷はその不思議な美しさのゆえに古くから称賛を浴び名声を保ち続けてきた。その技術的な伝統は早くに途絶えたため、近代の陶芸家は製作技術の研究と建盞の再現に没頭した。現在、考古学的発見と科学技術の応用が進むにつれ、その窯芸の秘密も徐々に明らかとなってきている。まさに毛沢東が『矛盾論』で、「唯物弁証法は、外部の原因は変化の条件であり、内部の原因は変化の根拠であって、外部の原因は内部の原因を通じて作用すると考える[20]」〔岩波文庫版による〕と分析したように、建窯瓷器の製作技術もその両面から考察されなければならない。

### 建盞の胎と釉の組成

化学分析の結果によれば、建盞の胎土から検出される鉱物質原料は、ムライト〔高温化で生成した結晶状のアルミノ珪酸塩鉱物〕、石英、方石英に鉄の酸化物などで、素地土(じっち)の調製はアルミナ分に富み、耐火度にすぐれた赤土に可塑性のある粘土を加えたものと推測され、その胎土の色沢からか古くは烏泥(うでい)、紫泥(しでい)などとも称された。その特徴は鉄分が多く含まれることで、漆黒の釉色の基調となり、同時に釉中の鉄分を軽減可能とする。焼成の過程で胎土の中の鉄分は次々と釉中に取り込まれ釉面へと運ばれてゆくからである。陶芸に携わる人々によって伝世品や出土資料の化学分析が行われているが、そのひとつとして、建盞の兎毫釉についての分析結果を挙げておくことにする。各成分は前出が釉、後出が胎土、数値は概

数で百分率で示す。

　珪酸（$SiO_2$）　　60〜63, 62〜68
　酸化アルミニウム（$Al_2O_3$）　18〜19, 21〜25
　酸化カルシウム（$CaO$）　5〜8, <0.2
　酸化第二鉄（$Fe_2O_3$）　5〜8, 7〜10
　酸化カリウム（$K_2O$）　〜3, 2〜2.7
　酸化マグネシウム（$MgO$）　〜2, 0.4〜0.5
　燐酸（$P_2O_5$）　>1,
　酸化チタン（$TiO_2$）　0.5〜0.9, 1〜1.6
　酸化マンガン（$MnO$）　0.5〜0.8,
　酸化ナトリウム（$Na_2O$）　〜0.1, <0.12

　胎、釉の定量分析の結果から明らかなように、釉は伝統的な石灰釉〔酸化カルシウムを主要な溶剤とする高火度釉、灰釉〕に属し、酸性度〔珪酸分〕が高く粘性が強いために厚味を増し濃く深い色調を呈するようになる。釉の薄片を顕微鏡で観察すると、黒釉部分は暗褐色のガラス質で構成され、兎毫の毛筋状の部分は表面あるいは表面のやや下までかすかに不透明な褐色の球状体が密集しているのが認められる。口縁の釉が薄く褐色を呈した部分では小球状は見られず、酸化第二鉄の結晶は針状に発達している。窯芸技術の分野ではこうした特性をもつ釉は分相—析晶釉と呼ばれている。

　黒色釉、鷓鴣斑釉、毫変盞、雑色釉の胎釉の化学組成はいずれも兎毫盞のそれと変わるところはなく、原料や調製は同一であった。ただ焼成の段階の火度、温度変化の緩急、窯内の雰囲気、冷却などさまざまな条件の違いが、釉面に別の表情をもたらす結果となったのである。

　焼成は瓷器製作の最終の外的条件であるが、建窯では龍窯〔登り窯、蛇窯〕を用いて、火度は約1300度、おおむね還元の雰囲気で焼成が行われた。焼成時間は70時間前後におよび、1000度にまで降下させる冷却時間は約20時間を要したものと推測される。焼成工程の管理が十全

に行われれば、鷓鴣斑釉のうちの油滴のような予期した好結果が得られることになる。油滴斑は煮え立つ釉面に水蒸気やガスの気泡が沸き立ち、その気泡が破裂した痕に酸化第二鉄の結晶が集まって形成される。

油滴の結晶が形成されつつある状態、窯内が徐々に冷えていく段階にある時に、温度が急上昇、急冷却する事態を生じると、結晶を形成しつつあった微量の酸化第二鉄は再び熔解され、急冷されることで結晶体の周囲に極めて薄い被膜を作る。その被膜が光を干渉して光彩を放つ。こうして鷓鴣斑釉の曜変が完成する。

焼成の終盤に至ってなお温度が高いと、釉面に散開した油滴は流下し、鉄分の多い部分、酸化第二鉄の小球は筋状になって下に向かって分布し兎毫文が形成されるが、毫変盞の流下する斑文も同じ作用によるもので、こうした現象は偶然の条件が重なった結果生じるのであろう。焼成が高温に過ぎたり冷却が急に過ぎると、釉の粘性を弱めて流下を促し、釉面は漆のような光沢をもつ純黒に発色し兎毫文が生じることはない。焼成温度の不足、窯内の雰囲気の制御が不充分な時は釉色の良好な発色は得られず、さまざまな色合いの不良品を生むことになる。その要因は窯内の位置、焼成技術の不足、管理の不徹底などによるものである。

要するに、焼成の全過程を通して温度や窯内の雰囲気という条件は、釉中の鉄分の結晶化に微妙に作用し、不可思議とも思える作用をするということである。満足の行く焼成を得るため、宋代の建窯では瓷製の'火照（照子）'〔色見〕が使用された。その試料を窯内に差し入れては引き出して窯内の状況を観測したのである。

火照〔色見〕

## 窯の改良

従来、建盞の焼成条件は焼成温度が1300度前後の酸化炎によるものと考えられてきた。一方、現代の建窯の窯

場ではおおむね還元の雰囲気で焼成が行われている。おおむねというのは建窯地域の階級窯〔階段状登り窯〕では還元の状態を完全に維持することが難しく、その中の一部は酸化に傾いてしまうことがあるからである。こうした問題も考古学的な知見から再検討が加えられ、窯の発掘結果から建盞は龍窯の還元雰囲気の条件下で焼成されたことが明らかにされている。

　建窯の龍窯は一般に丘の斜面を溝状に掘り深えた半地下式の構造で、ブロック状の土塊などを積んでアーチ形の天井部や焚き口が作られる。長く伸びた様が一匹の臥龍を想わせることからこの名がある。焼造品の品質を保ち生産量の増加をはかるため、窯の構造には絶えず改良が加えられた。

　晩唐五代期の窯は早期では、竹木を用いて窯壁の骨組みを架構し、外側には土塊を積み上げ、内面は泥土で塗り固めカラ焚きして作られる。晩期になると構築材に進歩が見られ、赤色塼や土塊塼が使われるようになる。庵尾山窯跡では4基の窯が発見され、燃焼室と焼成室の構造が確認されている。燃焼室は平面台形もしくは半円形を呈し、焼成室の幅は1～3.3メートルと一定ではなく、窯床の傾斜度は13～20度であった。窯の形は直線形の例とS字形の屈曲をもつ例とがあり、長さは39.7～96.5メートル、比高は推計1～1.5メートルであった。

左：蘆花坪の龍窯全景（手前は直線状で傾斜は緩く後部は急傾斜で湾曲している）

右：蘆花坪の龍窯部分

全体的にみてこの時期の窯では使用される構築材は比較的単純なもので天井部も低く、出入口は多く窯の片側のみに設けられる。龍窯の長所は昇温・降温ともに早いことで、焼成時間の短縮や還元雰囲気の醸成に有利であるが、一定の温度を窯内に留める性能には劣る。窯室内の火度と雰囲気の制御をよりいっそう改善するために、晩唐五代期の建窯では2つの工夫が試みられている。一つは窯床の傾斜度に変化をつけること、二は窯を平面S字形に屈曲させることである。こうして炎が後方に引かれる速度を調節し、熱気が早く走り過ぎるのを妨げて、適当な火度と雰囲気の制御を目指したのである。生産量の増大の要求は窯の長大化へと向かい、この時期の最長の例では96.5メートルにまで達している。
　こうしたさまざまな工夫の結果、建窯の龍窯の構造は同時代の各地方の龍窯のなかでもトップレベルのものとなっていった。窯の築造に際しては資材労力の節減のため、前代の窯の一部を利用した改造がしばしば行われた。一つの窯が焼成を重ねて傷み、旧式になるたびに改造が加えられ新しい窯へと再生された。ただし窯詰めの方法の面では、この時期はいまだ初歩的な段階にあり、托座〔支焼具〕の上に乗せて重ね積みにする方法は、器皿を裸のまま窯内に曝すものであったが、後期になると一つの匣鉢(さや)に一つの器皿を納めるより進んだ窯詰めの方法が採用されるようになる。
　宋代以降、窯の構築材料はすべて塼〔煉瓦〕が用いられるようになり、強度や密閉度が格段に向上した。窯詰めの際には漏斗形(じょうご)の匣鉢一つに碗を一つずつ口部を上に向けて収め、碗の底には碗の安定や匣鉢との熔着を防ぐために墊餅(てんぺい)〔平円形の置き台〕が置かれた。こうして焼成中の降灰や粉塵などを防ぐことで釉面の外観を守り、当然製品の歩どまりを上げることにもなったのである。
　この時期になると窯の構造自体は完成の段階を迎えつ

つあり、燃焼室、焼成室、最後部に煙室と機能に分けて整然と構成され、製品を出し入れする出入口も窯の両側に適宜数ヶ所が設けられるようになる。窯の耐用年数を延ばすために、窯壁の内側は泥土や匣鉢の破片で塗り重ねられ、外側には匣鉢、墊柱〔支焼台、棒ツク〕など窯道具の廃品や練瓦片が積み上げられた。当地では護窯堆と呼ばれている。窯床の幅は2メートル前後、高さは推計1.5〜2メートルで、直線状の例とS字形の2種類がある。窯床の各部に傾斜度の変化を作る工夫は引き続き行われ、いっそう細かく設計される。しかし全体の傾斜度は平均して7〜15度と前代に比べて緩やかになり、還元雰囲気が醸成しやすくなっている。一般に焚き口に近い部分と最後部近くが傾斜度が少なく、中央部から後部にかけて傾斜度が強くなっている。中後部の傾斜は炎が後方へと引かれる勢いを強めるため、前方の平坦部は燃焼室の炎を焼成室へと円滑に燃え移させる役割であり、平坦な後部は火力を滞留させる効果がある。一回の窯焚きに費やされる時間は長く、窯の築造に際しては極力資材の節約と労働力の軽減がはかられた。その結果、前代の窯を改造しその窯の一部や廃材を利用して新しい窯を築く方法が採られるようになる。

　建窯の窯跡では100メートルを越える龍窯も数多く確認されているが、このような規模の窯場は中国国内でも屈指のものであった。この時期の窯構造の具体的な状況を伝える一例として、1989〜90年に発掘された大路後門の3号窯と1号窯を紹介してみよう。

　3号窯は1号室の築造などのために中間部の構造は失なわれているが、前後部の窯室などは保存されていた。窯の長さ135.6メートル、水平距離での実測地は127メートルで、現在までに発見されている中国全土の龍窯中最長である。幅は1.0〜2.35メートル、比高28.65メートル、前後部の窯室の傾斜度は10度であった。前部の燃焼室は

平面半円形で半径0.6メートル、窯室との境をなす壁〔火除け〕は原形をよく保ち、土塊塼の平積み構造が確認される。焚き口部分には裏返した匣鉢を4、5件柱状に重ねて焼結させたものが門柱のように2本立てられている。焚き口部分の塼積みの支柱であろう。後部から窯尾にかけての窯壁には補修の跡が見られ、使用ずみの匣鉢や残塼がその建材として用いられている。補修は数回行われており、施設、資材の有効利用に努めた当時の窯業生産のあり方がうかがわれる。後部の窯室には幅0.6メートル前後の出入口が2ケ所設けられ。いずれも壁で囲われた坂道が敷設され、匣鉢、墊餅、墊柱などの窯道具や瓷片で舗装されていた。窯尾の煙室は長方形で、長さ2.7〜2.9メートル、幅1.8〜1.9メートルで、床は赤色と黒灰色の焼土面で、裏返した匣鉢2、3を重ねたものがわずかに7本1列確認されたのみで、排煙口の幅は0.05メートルが計測された。

　1号窯は3号窯に重ねて、つまり3号窯の一部を取り壊しまた一部を利用する形で築造された。窯の長さは123.6メートル、水平距離での実測値115.15メートル、幅0.95〜2.2メートル、比高25.70メートル、窯の方位は68度〔窯尻方向（と真北と）の偏角〕である。傾斜度は10、12、14、18、21度と変化があり、平均傾斜度は15度、前部と尾部の傾斜は緩く、中部から後部にかけてはきつく造られている。手前の燃焼室はやはり半円形で半径0.7メートル、窯壁は3号窯の壁に張りつけるように積み上げられ、二層の窯壁となっている。出入口は両側に9と7合わせて16ヶ所開けられ、幅は0.6メートルであった。一部の窯壁は3号窯のものがそのまま利用され、煙室も3号窯のそれを改造して用いている。焼成室の底部は厚さ5センチほどの砂床となり、そこに匣鉢が列をなして敷設されていたが、安定度を増すために窯道具、瓷片などが匣鉢の外底にあてがわれていた。匣鉢の大きさは径15

大路後門3号龍窯全景

大路後門3号窯に重ねて築かれた1号窯

〜20センチと各種あり、一般に焼成室の前後部に小型の
碗盞が置かれ、中央部に品質の優れた大き目の器皿が窯
詰めされた。後述する「供御」「進琖」の刻銘をもつ碗
もすべてこの部分に置かれていた。そこは焼成火度や雰
囲気など好条件がのぞめる絶好の位置で、貢納品の焼成
に最適だったのである。窯床に敷設された匣鉢の数は約
416個であり、一つの匣鉢に一件の器皿として、一回の
焼成での生産量を推計してみよう。匣鉢の高さが7セン
チ、焼成室の復元の高さが1.7メートルであれば、各匣
鉢は24個積み重ねられることになり、総数は1万余件と
なる。その数量の多さにはあらためて驚かされる。

　南宋の中晩期に建窯の窯構造は、強い傾斜の龍窯から分
室龍窯〔割竹式窯〕へと発展を遂げる。この種の窯の特徴は
焼成室が隔壁によって数室に区切られることにあり、発掘調
査を終えた営長墘の6号窯で具体的な状況を説明したい。

　6号窯の窯床には、上部は失なわれていたが、7本の
隔壁の設置が認められた。各隔壁の基部は伏せた匣鉢3
個を柱状に積んだもの8,9本を横一列に並べたもので、
通炎孔〔狭間穴〕となる柱間は5〜10センチ、柱の上に
は楔形の塼を平積みして壁を造っている。龍窯を基礎と
しながら通炎口を設けた隔壁で各室を造る分室龍窯の特
徴は、明代の徳化窯に見られる完成された姿の階段状登
り窯に通じる面もある。確かに通炎孔をもつ隔壁の設置
は両者に共通するが、階段状登り窯は各室独立して塼で
築かれたものを連ねた外観を呈し、一匹の竜の姿とは異
質の感は否めない。そこで分室龍窯は階段状登り窯へと
発展する過渡的形態あるいはその原型と位置づけること
ができる。階段状登り窯は一室の構造を見れば基本的に
は半倒炎〔炎の流れ方での分類呼称。他に平炎、倒炎があ
る〕の饅頭窯〔ドーム形の天井をもつ平地式の塼築単室窯〕
と同じく熱気は上昇してから床面へと向う。この構造の
特徴は、温度の上昇・降下が緩やかなことで、温度変化

の速度や保温時間の制御がより容易となった。通炎孔で結ばれた隣接する各焼成室は奥に進むにしたがって床面が高くなり、炎の引きを高めるとともに、前段に始まる燃焼の熱気はいち早く後段へと送られて製品を予熱する。また焼成後の冷却時にも放散された熱は窯内にある程度とどめられ、次回の焼成に際して昇温を速める。こうして燃料の節減や還元雰囲気の醸成がより容易となって製品の歩どまりもいっそう向上した。分室龍窯が出現した意義は階段状登り窯の構造の長所をある程度備えていた点にあり、従来型の龍窯が改良された理由もそこにあったのである。

　以上述べてきた建窯の窯構造の発展の歴史を要約すれば次のように言うことができる。宋代の工人たちは長い経験からその土地に適った丘陵に沿う龍窯を築き、平炎式〔炎が直線的に進む窯構造〕から改良を加えて半倒炎式の初歩的段階の構造である分室龍窯へと発展させた。技術的な改良を加えられて完成したこの窯の際立った特性は次の通りである。

　一に窯の傾斜度から生じる炎を引く力によって焼成室内に流れ込む空気や炎の量が調節されることである。それには幾通りかの方法が見られる。前段部を平坦に後部を急傾斜にさせたり、前部を直線状に後部を湾曲させる、あるいは窯床の各段に異なった傾斜を持たせるなどである。また最終的には焼成室を数室に区切ることで焚き始めの炎の流れの速さを抑制し、熱気のみの流れで焙りの効果を高め、また温度の急上昇を制御し、保温蓄熱と還元雰囲気の醸成を助ける、などですべて良好な焼成結果が得られるのである。

　二は窯の長大化を推し進めた点で、窯詰めの密度を上げ、生産量の増大がはかられた。

　三にこの種の龍窯の経済性が挙げられる。築造資材の原価は安く、築造、保守、管理ともに負担が軽く、民営

工房による小規模な生産に適していた。建窯の周囲の山林に燃料として多いのは松科の植物で、松材は揮発分が多く、その灰の熔融点は高い。その一方で着火温度は低く、燃焼速度が早く、長い炎が出ることなど、還元雰囲気の醸成と速やかな焼成という条件に適っている。龍窯を用いる留意点としては、最も重要な製品を窯内の最も好条件な位置、中央に置くことである。

## 器に刻まれた文字・記号と「供御」「進琖」

　建窯の器皿の底や匣鉢、塾餅などの窯道具には刻劃、墨書、型押しなどによる記銘がしばしば見られる。それらはおおむね名前、数字、符号、貢品銘の4種に分けることができる。ほぼ名前と確定できる例に「張」「張一」「黄」「呉」「金」「李」「孟」「王」「王甲」「陳」「陳七」「炎」「尖記」「中宝」「郎」などがある。数字銘の例についても人名と考えられるものがあり、「五七」「五七家務」「大八」「長□念八」「小九」「四六」「小七」がそれに当たる。

　宋代では男性は某々郎、女性は某々娘とする呼称が行われ、郎字の前には多くの場合排行数字〔曽祖父を同じくする宗族の同世代における長幼の順序〕が名前としてそのまま用いられた。宋代に浙江省の湖州で製作されたいわゆる湖州鏡の鏡背の題名にも石某郎、石某哥、石某叔の類の名前が見られ、「石二郎」「石小二歌」「石十郎」「石十二郎」「石念二郎」「石十郎」といった例がある。一般庶民の命名には排行数字以外にも数字名の例〔誕生時の父母の年令を合算するなど〕がある。1974年福建省泉州の後渚港で発見された宋代の沈没船からは、「六十」「三九工」などの人名が書かれた木札が採取されている。建窯の数字記銘も某々郎の類かあるいは数字のみであったか、いずれにしても名前を記したものと考えられる。「張一」「陳七」がそうで、「五七家務」は '五七' という人物の家事係りであることを示しているのだろう。

符号類には「≠」「×」、亀甲文などが見られるが、これらは工人たちの印であったと思われる。このほかに「新」「中」「正」の文字銘があるが、窯詰めや窯内の位置に関係するものと思われ、「新」字は例えば新しい窯、あるいは某窯の新製品のことという具合である。

　こうした記銘でいくつか注目される発見があった。1977年に蘆花坪窯跡で北宋代の龍窯の発掘が行われたが、その際に製品である黒釉瓷器、工人使用の青瓷碗、匣鉢それぞれに「五七」の銘が繰り返し見られたのである。こうしたことからこの龍窯の操業、工房の活動は'五七'の家族で営なまれていたものと推測される。窯跡から出土したその他の名前や符号をもつ資料はこの窯の生産にかかわった陶工のものと考えられる。元の蔣祈の『陶記』には次のような記述がある。「陶甿は工を食とし、芸に傭を受けず。窯主に賃貸し以て相ひ附合す。之を甃と謂ふ[21]」。その大意は、個々みずからの技術で独立して生業を営み、他人の雇傭を受けない窯主〔陶甿、陶業にかかわる住民〕は、窯の一部を成形のみをする陶戸に賃貸して自分の成品と一緒に窯焚きし、焼成後成果を分配する。こうした窯主と成形工との主従協同関係を'甃'と呼ぶというのである。

　この記述に従えば建窯の窯主'五七'は窯の一部を他の陶戸に貸出し、みずからの製品と合わせて焼成した経営形態が想像される。窯主と陶戸のこうした協同窯では主導権はあくまで窯主にあり、協同が臨時のものか長期にわたるかは両者の間で契約が結ばれた。

　また別の経営形態も考えられる。瓷器生産の規模が大きくなり、一戸一家族では対応できなくなった場合で、一村の住民数家が共同して窯を築き経営にあたることになる。具体的には、製品は各家各戸に分散して成形され、成形後に一ヶ所に集められて窯詰めされる。窯詰めされるたびに内容を示す記号が入れられねばならず、「合□」

「二合」「六合」はこうした窯の共同使用を示すものと理解される。このような共同窯は昔の民間の窯場では決して珍しいものではなかった。

　記銘から建窯の経営形態の一端をうかがうことができた。それは窯主が窯の一部を賃貸する、あるいは数家が共同で経営に当たるもので、これらが建窯という民営の窯場の基本的な姿であったと思われる。

　記銘の中で最も目についたものは献上品であることを示す「供御」あるいは「進琖」の文字であった。器皿の高台内に直接陰刻で記す例もあれば、塾餅に器底の文字が裏返しになって型押しで転写された例もあり、いずれも書体は楷書が用いられた。宋代の宮廷の用に供せられる献

「供御」銘塾餅〔平円形の支焼具〕

「供御」「進琖」銘碗底部

上品として製作された器皿であることは明らかで、建窯が宋代にそうした生産を行っていたことを示す貴重な資料といえる。

宋代の小説、『宣和遺事(せんないじ)』には、北宋、徽宗の政和2年(1112)の出来事の一場面として、「恵山泉、建渓の異毫(いごう)盞(さん)を以て新たに貢せられし太平嘉瑞の茶を烹(に)、賜して蔡京(けい)に之(これ)を飲まさしむ㉒」とある。恵山泉は現在の江蘇省無錫(しゃく)市西郊の恵山(けいざん)にあり、宋代には'人間(じんかん)第二泉'と称された名水で、建渓の異毫盞が建窯の黒釉毫変文茶盞を指すことはいうまでもない。太平嘉瑞は、宋代に福建路建寧府に開かれた北苑御茶園で作られる餅状に固めた献上茶の名称である。

この記事は建盞が献上品とされた傍証になるであろう。しかし建窯は官、すなわち公(おおやけ)が直接に経営にあたり、その製品がもっぱら宮廷の用に供されるという'官窯'ではなかった。宋代の官窯には北宋代の汴京(べんけい)官窯、南宋の修内司(しゅうないじ)官窯などが知られる。明清代には景徳鎮に御器(ぎょき)廠(しょう)が設けられた。一部の作品は御器廠内で成形を行い、焼成は民窯に委された。後者のシステムは'官搭民焼(かんとうみんしょう)'と呼ばれたが、それらも含めみな官窯器とされたのである。建窯では官窯器の生産形態とは異なり、作品が精良であってはじめて献上品とされた。「命有らば則ち貢し、命無くんば則ち止めん」というわけである。北宋の中晩期から南宋中晩期の窯跡では、もれなく「供御」「進琖」銘をもつ器物が発見されているというこれまでの発掘の状況から、建窯が宋代に相当の期間にわたって献上品を焼造し続けていたということがわかる。

第3章　建盞の興隆と衰退

　建窯で黒釉瓷器が焼造された年代やその期間については研究者の間でも従来漠然と宋代といわれ、あるいは「元に入りてなお盛ん」（9頁参照）などと記す例もあった。こうした建窯での黒釉瓷器焼造の問題に対する系統的、全面的な研究はほとんど手つかずの状態にあったように思われる。建窯の起源と盛衰を理解する上で忘れてならない点は、生産年代を確定することはもちろん、流通のあり方や他の窯場との関係といった重要な視点を相互に関連づけて考えを進めていくということである。以下、窯跡、墓葬、遺跡、文献の4方面から考察を加えていくことにする。

## 考古学的にみた窯跡の年代

　建窯の伝世品と出土品の中に3件の注目される資料がある。1つは以前福建省博物館に収蔵されていた黒釉兎毫文束口碗で、「雍熙」の二字銘が高台内に刻み込まれていた。雍熙は北宋、太宗代の年号のひとつで西暦では984～87年にあたる。2は香港で出版された図録に掲載された黒釉盞で、同じく「至道」の刻銘をもつ。この年号も太宗代995～97年の間に用いられた。2件の碗はともに陶瓷研究で名高い耿宝昌氏の鑑識を受けている。3は1955年、南京博物院に在職された宋伯胤氏が蘆花坪窯跡の調査時に採集された匣鉢で、外壁に「紹興十二年」の文字が彫られている。紹興は南宋高宗代の年号で、12年は西暦1142年にあたる。

　これらの年号銘は焼成前のそう遠くない時点に彫り込

「雍熙」銘黒釉兎毫碗底部

まれたもので、焼成された年代を示すものと見てほぼ間違いない。

　現在までに発掘されている黒釉瓷器を焼成した龍窯は7基あり、いずれも宋代のものである。そのなかで2基が北宋、北宋中期かやや降ると考えられる窯が1基、北宋晩期から南宋早期の例が3基、南宋中晩期のものが1基と推定されている。北宋晩期から南宋早期の窯が多いのがわかる。

　発掘報告書を見ると、7基の龍窯中1977年に発掘調査された蘆花坪窯跡の出土品に、年代推定の手がかりとなる資料が含まれていることに気づく。それは文字が刻まれた1件の陶製の札で、黒釉器と同じ堆積層から発見されている。札の表には「黄魯直書」の文字が二行に、裏面には「法一本」が一行にいずれも楷書で記され、表裏を続けて「黄魯直書法一本」と読むことができる。

　この陶製の札は陶工がみずから作り、黒釉瓷器を焼成する際に一緒に窯に入れたものと思われる。黄魯直とは黄庭堅のことで、魯直は字である。分寧（現在の江西省修水県）の人、北宋仁宗の慶暦5年（1045）に生まれ、徽宗の崇寧4年（1105）歿、蘇軾、米芾、蔡襄らとともに宋代書法の四大家と称された。とりわけ詩に長じ、書は草書、楷書で一家を成した。ことにその中年に書の風格が完成されてから声価はいよいよ高まっていった。陶製の札もそうした風尚の中で作られたものと考えられ、北宋の神宗熙寧年間（1068〜77）のものと見て大過はない。また銅銭の出土が傍証とされ、陶製の札と同じ堆積層からは「元豊通宝」、窯床底部からは「至道元宝」がそれぞれ1枚ずつ発見されている。元豊は神宗の年号、至道は前述のとおり太宗の年号である。こうした資料からこの窯の活動期間を北宋の中期から晩期と推定することができる。

　年代が最も下る窯跡は営長墺の7号窯で、南宋中晩期

陶製札拓本「黄魯直書法一本」

黄庭堅像

とされる。この窯の上に重なる形で青白瓷を焼造した6号窯が築かれ、6号窯の年代は南宋晩期から元代早期と考えられている。6号窯は景徳鎮窯の強い影響のもとに開かれた。景徳鎮の青白瓷の生産は北宋に始まり、北宋から南宋早期に流麗な刻劃文様が盛行し、南宋晩期になると印花文様に代わる。南宋中期以降では窯詰めの方法にも特徴的な工夫が見られる。それは一つの圏状の支焼具(リング)に伏せた器皿の口縁を置き、支焼具と器とを交互に積み重ねてゆく覆焼きの技術であった〔窯内空間の有効利用のほか、薄作りでも歪みが少ない点が長所として指摘される〕。

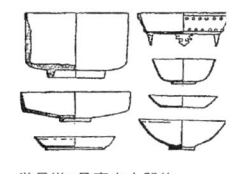

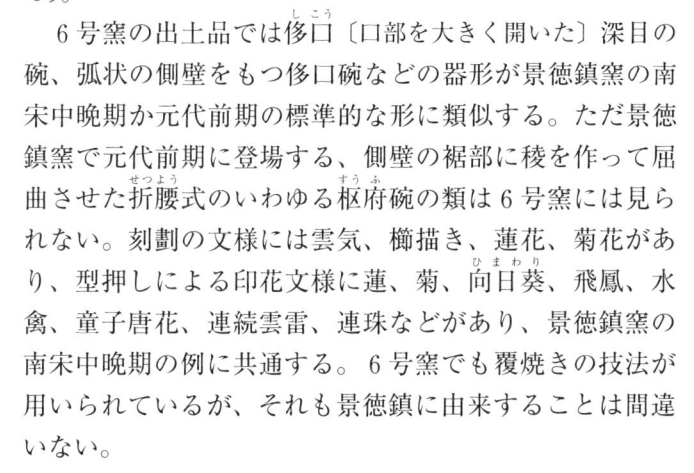

営長垵6号窯出土器物

　6号窯の出土品では侈口(しこう)〔口部を大きく開いた〕深目の碗、弧状の側壁をもつ侈口碗などの器形が景徳鎮窯の南宋中晩期か元代前期の標準的な形に類似する。ただ景徳鎮窯で元代前期に登場する、側壁の裾部に稜を作って屈曲させた折腰式(せつよう)のいわゆる枢府碗(すうふ)の類は6号窯には見られない。刻劃の文様には雲気、櫛描き、蓮花、菊花があり、型押しによる印花文様に蓮、菊、向日葵(ひまわり)、飛鳳、水禽、童子唐花、連続雲雷、連珠などがあり、景徳鎮窯の南宋中晩期の例に共通する。6号窯でも覆焼きの技法が用いられているが、それも景徳鎮に由来することは間違いない。

枢府碗

　営長垵6号窯の構造は分室龍窯で、出土品には侈口弧壁碗、撇口輪高台の盤、敞口平底洗などの器形、蓮、菊、飛鳳などの印花文様、圏状支焼具による覆焼きなどすべて元代の福建省徳化県屈斗宮窯跡(くっときゅう)の内容にも通じるものがある。ただし6号窯では刻劃による施文技法が残っているのに対し、屈斗宮窯跡ではそれがほとんど見られない。このことから6号窯の活動期は南宋晩期から元代初期にあると判断される。この発掘調査の分析から次のような状況を思い浮かべることができる。

　長期にわたって黒釉の碗盞の生産に従事してきた建窯

第3章◆建盞の興隆と衰退　53

の立場からみれば、青白瓷への転換は、他の窯場からの挑戦と激烈な競争を勝ち抜くための手段であり、創業の商標(ブランド)を諦めて新たな道を切り拓かざるをえなかったといえる。一方、この時期の建窯は窯煙が止んだわけではなく、建窯の伝統である黒釉の碗盞は、6号窯以外の窯では引き続き焼成されていた。しかし、その生産はすでに衰退の段階にあったのである。

## 墓葬の考古発掘からみた建窯の年代

　建窯の生産期間は長く、産量の規模も極めて大きい。それらは中国国内にとどまらず海外の墓葬や遺跡からも発見され、建窯の年代を考える上で貴重な資料となっている。筆者が現在まで知り得たところでは、建盞が発掘された墓葬は16基におよぶ。墓葬は一般に相対的あるいは絶対的な年代を示すもので、編年に役立つだけでなく、そこで発見された建盞は鑑定の面でも基準とされることはいうまでもない（カラー図版12・13）。墓葬出土の建盞の状況を整理して表に掲げておく。(表3)

黒釉兎毫碗

黒釉兎毫碗

　表からわかるように、建盞が副葬されていた墓葬は、福建、江西、浙江、安徽など各省に分布し、明確な紀年を有する最も早い例が北宋の宣和2年（1120）、最も降る例が南宋の宝祐2年（1254）であった。一方、伴出品の比較検討などからは、その年代の上限は北宋の中期までさかのぼるものと推定された。墓葬出土品からうかがえる建盞の年代の範囲は、北宋中晩期から南宋晩期におよび、北宋晩期から南宋早期に資料の密度が高く、南宋晩期はわずかで元代にはその例を見ない。建盞を副葬品としていた墓主は、一般に官僚や富裕層などからなり、相応の社会的地位や身分を有していた。建盞の需要層や支持基盤はそのような階層から成っていたことがうかがえる。

表3 墓葬出土の建盞（一覧）

| 番号 | 墓葬名称 | 出 土 建 盞 | | 年代 | 報告書 |
|---|---|---|---|---|---|
| | | 報告書の記述(単位はセンチ) | 本書の分類型式 | | |
| 1 | 福建順昌大坪林場墓 | 黒釉兎毫文茶盞2件。輪高台で内刳りは浅い。胎土は深灰色を呈し、口縁は露胎で鉄赤色。施釉は底部に至らず裾部の釉留まりが器を巡る。釉色は紺黒で、釉肌は滋潤で光沢があり、毫文は鮮明。標本22、撇口、通高4.8、口径13.1、高台径3.5；標本23、斂口、深腹、通高6.2、口径12.3、高台径4。 | 撇口碗A式中型、束口碗A式中型。 | 北宋中期後段〔出土銅銭中最も降る例が、宋神宗代初鋳の元宝通宝〕。 | 「文物」1983年8期、36頁、図五：9、10；図版六：6、7（本書カラー図版12・13） |
| 2 | 福建順昌良坊墓 | 黒釉瓷類3件。すべて兎毫盞。1件は口縁部欠損あり。口をラッパ形に開き、側壁は斜直で小さい輪高、全体は漏斗形となる。黒色の釉銀色の兎毫文がある。口縁部と下部は露胎。胎土は灰褐色を呈し堅く焼き締まる。高4.5、口径10.4、高台径3.3。 | 撇口碗A式小型。 | 北宋中期後段〔出土銅銭中最も降る例が、宋神宗代初鋳の元宝通宝〕。 | 「考古」1987年3期、239頁 |
| 3 | 福建順昌大干墓 | 瓷碗Ⅳ式4件。侈口で端をわずかに内に入れる。小さな輪高台をもつ。胎土は淡い赤色を呈し、浸し掛けの黒釉は底部にはおよばず露胎となる。高5.1～5.2、口径10～10.3、高台径3.4～3.5。 | 斂口碗A式小型。 | 北宋晩期〔出土銅銭中最も降る例が、宋哲宗代初鋳の元符通宝〕。 | 「考古」1979年6期、507頁 |
| 4 | 福建浦城臨江墓 | 瓷盞1件。斂口で器壁は弧状、小さな輪高台がつく。黒釉が施されるが下部は濃灰色の露胎となる。やや釉の流れが見られる。残口径9、高4.8、高台径3.5。 | 斂口碗A式小型。 | 北宋中晩期〔伴出品に北宋景徳鎮窯の青白瓷透かし彫りの香炉、撇口碟などあり〕。 | 「福建文博」1990年2期、52頁 |

第3章◆建盞の興隆と衰退

| | | | | | |
|---|---|---|---|---|---|
| 5 | 福建浦城永興墓 | 黒釉碗、2件2式。I式は撇口、斜壁で小さな輪高台がつく。内底は平だがやや窪んでいる。黒釉が施され、外下半部は露胎で濃い赤色。やや釉の流れが見られる。口径9.8、高台径3.6、高4.3。II式は敛口、器壁は弧状、小さな輪高台がつく。黒釉が施され、口縁や器身の黒釉中には鉄錆色の斑文が認められる。底部以下は灰褐色の胎があらわれる。やや釉の流れが見られる。口径9.5、高台径3.4、高4.5。 | 敛口碗A式小型。 | 北宋中晩期〔伴出品に北宋景徳鎮窯の青白瓷盞托、水注などあり〕。 | 「福建文博」1990年2期、54頁、図二：6, 9 |
| 6 | 安徽合肥包永年墓 | 黒釉瓷碗1件。通高5.9、口径12.5、高台径3.7。敛口、低い輪高台がつく。胎質は重厚な印象のもので、堅く焼き締められている。内外ともに施された黒釉は深い黒色を呈し光沢がある。高台内に墨痕がわずかに認められる。 | 撇口碗A式中型。 | 北宋晩期、宣和2年〔1120〕、〔紀年墓誌〕。 | 「文物資料叢刊」3、1980年、177頁、図四四 |
| 7 | 浙江瑞昌何毅墓 | 黒釉瓷盞2件（M2：6, 7）。形態は同じ。直線的に大きく開いた形で平底。内面は総釉、外面底部は未施釉。高5、口径11、底径3。 | 撇口碗B式小型。 | 北宋晩期、宣和6年〔1120〕、〔石質紀年地券〕〔墓地の購入証文の形を借りた埋納品〕。 | 「考古」1992年四期、331頁、図一：1 |
| 8 | 浙江呉興皇墳山墓 | 黒釉瓷碗1件。高5.3、高台径3.5、高台内底高0.3、口径10.5。外面底部を除き紫色の総釉で、釉調は濃く重い。紫色中には斑状の青藍色が浮ぶ。胎土は小砂混じりで粗い。 | 束口B式小型。 | 北宋末あるいは南宋初〔出土銅銭中最も降る例が徽宗代初鋳の宣和通宝〕。 | 「文物資料叢刊」2、1978年、119頁、図四：4、120頁、図十 |
| 9 | 福建南平店口墓 | 黒釉碗1件。敛口、斜腹で、高台を削り出す | 敛口碗中型。 | 南宋早期〔伴出品に南宋景徳 | 「福建文博」1989年1-2期、 |

| | | | | | |
|---|---|---|---|---|---|
| | | が内割りを入れていない。黒釉が施されるが、口縁と器身の黒釉中には鉄錆色の斑文がある。外側下半は露胎で濃い灰色を呈す。やや釉の流れが認められる。口径11.6、底径3.6、高4.6。 | | 鎮窯系の青白瓷印花水柱、盒などある〕。〔地券文中に「歳次壬子」の銘があり、高宗紹興2年（1132）に当たるとする〕 | 20頁、図二：9、21頁、図三 |
| 10 | 江西徳興徐衍墓 | 黒釉盞1件。敛口、外壁は緩い弧状、小さい平底。胎土は粗質で黒色、堅く焼き締まり重々しい印象がある。底部を除き内外とも施釉され、内面底部には輪形に窯道具の置き跡が残る。外面下部の釉は底部へ滴状に流れる。黒釉の発色は良好で内底には銀光色の兎毫が認められる。高4、口径4.2。 | 敛口A式小型。 | 南宋早期、乾道元年（1165）〔紀年墓誌〕。 | 「考古」1995年2期、155頁、図一：9 |
| 11 | 江蘇南京江寧墓 | 黒釉兎毫盞1件、欠損あり。先端を丸くした敛口、口縁部外側には浅く窪められた線が1条巡っている。側壁は弧状に開き、内底はやや窪む平底。高台内に「三五」の2字が陰刻される。胎土は黒、底部を除き黒色の総釉。発色はムラなく、兎毫文も鮮明。口径12.3、高台径4、高6.5。 | 束口碗A式中型。 | 南宋初年から中期〔出土銅銭中最も降る例が宋徽宗代初鋳の宣和通宝、伴出の定窯碗の銀覆輪に「秦待制位」の刻銘があり秦檜の孫を指すと推測される。 | 「東南文化」1988年2期、58頁、図三：3,6 |
| 12 | 福建浦城仙陽墓 | 碗2件2式。Ⅰ式敛口、口縁部に屈曲があり、外壁は弧状、高台を削り出すが内割りを入れない。黒釉が施され、口縁と器身には白色の兎毫文が見られる。裾から底部は露胎で濃灰色、やや釉の流れがある。口径10.3、底径4、高5。 | 束口碗B式小型、A式中型。 | 南宋中晩期〔伴出品に浦城大口窯の南宋褐彩龍虎瓶などあり〕。 | 「福建文博」1990年2期、56頁、図三：7,9 |

| | | | | |
|---|---|---|---|---|
| | | Ⅱ式敛口、深目の碗で高台内刳りは見られない黒釉が施され、口縁と器身に黄色の兎毫文が見られる。裾から底部は露胎で灰色、やや釉の流れがある。口径11.8、底径4、高7.2。 | | |
| 13 | 江蘇江浦張同之墓 | 天目碗2件。共に鷓鴣斑釉。1件は小さい高台、胎土は黒色。口径12、高台径4.3、高7.1。1件は小さい高台、底は平で胎土は赤褐色。口径11.1、底径3.9、高5.3。 | 束口碗 A式中型、B式中型。 | 南宋中期、慶元6年（1200）〔紀年墓誌〕。 | 「文物」1973年4期、64頁、図十一 |
| 14 | 江西清江仰山墓 | 黒釉芒口兎毫盞1件。高6.8、口径12、底径4。敛口、斜壁は低い高台へ絞られる。口縁と外壁下部を除いて黒色の総釉、盞内黒色中に半透明銀灰色の放射状結晶文が認められる。胎土は黒く、質は重厚。 | 撇口碗 B式中型。 | 南宋中期、開禧元年（1205）〔紀年墓誌〕。 | 「江西歴史文物」1987年1期、10頁 |
| 15 | 福建邵武伍氏墓 | 碗、Ⅰ式、撇口、弧状の外壁で輪高台。胎土は黒色で堅く焼き締まる。黒釉は外壁半ばで止められ釉留まりが見られる。内面には兎毫文が鮮明に浮ぶ。口径12。 | 束口碗 A式中型。 | 南宋嘉定8年（1215）〔紀年墓誌〕。 | 「福建文博」1991年1・2期、68頁、図二：4 |
| 16 | 江西吉水張宣義墓 | 兎毫文盞1件。敛口、口縁下部に屈曲あり、弧状の器壁で、内刳りが浅い輪高台。灰褐色の胎は堅く焼き締められ端正な外観を呈す。黒釉は光沢にとみ内底の釉は厚く、外側裾は釉留まりとなる。内壁に兎毫窯変斑文が浮び、浅緑あるいは紫褐の色沢を呈す。高5、口径10.8、高台径4.1。 | 束口碗 B式小型。 | 南宋晩期、宝祐2年（1254）〔石質紀年地券〕。 | 「文物」1987年2期、67頁、図三：3、図版六：6 |

## 墓以外の遺跡の考古発掘による建窯の年代

　現在までに発掘された遺跡で建盞が発見された例は7ヶ所あり、それらの状況を表にまとめておく。(表4)

　発見された遺跡は福建、浙江、江蘇省などにあり、建盞の多くは宋代の文化層から発見され、元代および元代以降の層ではほとんど見ない。稀に発見される場合でも少数であることは、それらがむしろ宋代に製作され伝世されたものとの推測を強く抱かせる。

　1999年、安徽省淮北市(わいほく)の郊外で運河遺跡を発掘調査した際に、比較的完全な姿の宋代の船着場の遺跡と唐宋代の沈没船の貨物と思われる遺物が発見されている。遺物の中にはかなりの数の建窯兎毫盞が見られ、運河の航路などから考えると、建窯瓷器は中国の東南方面の需要にのみ向けられたものではなく、北を目指して運ばれてもいたという実態をうかがい知ることができた。

　海外出土の建窯製品については、日本と韓国の報告が目立つ。

　日本出土の建盞については、比較的製作年代の早い例が南西諸島から発見されている。奄美大島名瀬市の小湊古墓群から出土した1件の黒釉碗は、黒色の胎土で兎毫文をもち、器形は本書の分類のA式大型撇口碗に該当し、高台内に陰刻で「□九」と記すなど、その特徴は建窯蘆花坪の北宋龍窯窯跡からの出土品と全く同じであった。伴出品としては福建省産の白瓷碗があり、口縁を厚く作り幅の広い高台がつくもの、口縁端を外に巻き込んだ高足のものなど、いずれも北宋の典型的な造形を示している。年代については11世紀の後半から12世紀中葉と推定されている。

　福岡県の博多遺跡群は天目茶碗の出土が集中して見られる地区で、調査研究の結果、建窯の産と推定される器形には本書の分類でいう敞口碗、A・B式撇口碗、A式束

表4 遺跡出土の建盞

| 番号 | 遺跡名称・層位 | 遺跡年代 | 出土建盞（本書の分類型式による） | 報告書 |
|---|---|---|---|---|
| 1 | 福建省福州市夾道遺跡G2 | 北宋中期～南宋晚期〔伴出品に北宋耀州青釉印花碗、南宋福州宦渓窯青灰釉鉢、褐釉燈盞などあり〕 | 建窯黒釉盞、件数未詳。撇口碗B式中型、束口碗A式中型（その中1件釉面に橙褐色の斑文あり。建窯大路後門Y1③：9〔1号窯第3層の標本番号9〕に同じ）。 | 「福建文博」1994年2期、5頁、図十：17、18；口絵図版上右 |
| 2 | 江蘇省揚州市河北路遺跡 | 宋 | 建窯黒釉瓷片（器形未詳） | 「東南文化」1994年1期（増刊）93～94頁 |
| 3 | 浙江省紹興繆家橋水井 | 南宋〔伴出品に龍泉窯南宋青釉蓮弁文盤、盤、洗などあり。銅銭の最も降る年号は「開禧」（1025～1207）など〕 | 建窯黒釉瓷碗6件。束口碗A式中小型、束口碗B式小型。 | 「考古」1964年11期、558頁。図一：1；図版四：12 |
| 4 | 福建省泉州後渚港沈船 | 宋末〔出土銅銭中最も降る例は宋度宗代初鋳の咸淳元宝〕 | 建窯黒釉兎毫文盞残器1件、束口A式中型。 | 「文物」1975年10期 |
| 5 | 福建省福州市柏林坊遺跡第4層 | 宋～元〔伴出品に南宋青白瓷輪花碗、元青釉高足器などあり〕 | 建窯黒釉兎毫文盞1件、束口碗B式小型。 | 「福建文博」1994年2期、32頁、図五：15 |
| 6 | 福建省泉州清浄寺奉天壇遺跡 | 宋元の交 | T01⑧A:②〔探方（グリッド）01区第8層から出土した標本番号2〕建窯束口碗AC中型。 | 「考古学報」1991年3期、図版一八：2 |
| 7 | 福建省建甌市北苑遺跡 | 南宋 | 黒釉碗、件数は整理中。JBF11：7、建窯束口碗A式中型。JBH11：7、建窯束口碗A式中型。JBF10：37、建窯束口碗A式中型。 | 「福建文博」1996年1期、42頁、図九：3、図十、図九：4 |

60

口碗があることが確認されている。その年代は12世紀中葉以前から13世紀前半に至り、おおよそ北宋晩期から南宋時期にあたる。

　1976年に本格的な調査が開始された韓国新安沖海底の沈没船の遺物は、そのほとんどが中国陶瓷であることもあって一大センセーションを巻き起こした。引き揚げられた陶瓷器には青瓷が多く、青白瓷、白瓷がそれに次ぎ、黒釉瓷は少なかった。沈没船中から引き揚げられた中国製の銅銭は元時代の鋳造である「至大通宝」が最も降るもので、また「至治3年（1323）」の銘をもつ荷札も発見されている。韓国の研究者によれば、引き揚げた遺物の大多数は製作年代の下限を1323年におくことができるということである。引き揚げられた黒釉器皿のうち韓国国立中央博物館に50件の建盞が保管されている。それらの多くは口縁部に欠損があり、内面には使用時についたらしい擦過痕が認められた（カラー図版14・15）。一方、大量に発見された青瓷や白瓷にはそのような形跡は見られなかった。とりわけほとんど完全な状態で引き揚げられた2件の建盞が注目される。それらは口縁を銅製の覆輪で装い、円筒形の木箱に納められていた。おそらくは日本に輸出するために民間の伝世品の中から選び出されたものなのであろう。中国陶磁の研究で多大な業績を残された馮先銘氏はこれらの瓷器を南宋時期の建窯の製品と認めている。

黒釉兎毫碗（韓国新安海底引揚）

黒釉兎毫碗（韓国新安海底引揚）

　結論から言えば、遺跡の出土品から推測される建窯の製作年代は、基本的には宋代にあるといってよさそうである。

## 文献にあられた建盞

　建盞について触れた文献の中では、宋元時代に書かれた記述に信頼性が高い。言うまでもなくそれらが記された時代は、建窯の操業期間と同時期か接近した時期だか

らである。その中で最も早い例は陶穀撰『清異録』の「閩中にて盞を造る……」という記載である。陶穀は唐、昭宗天復2年（902）に生れ、宋、太宗の開宝３年（970）に歿している。五代の後晋、後漢、後周から宋代まで歴代の朝廷に仕え、官職は刑部、戸部の尚書〔長官〕に至った。『宋史』の伝によれば、彼は「強記にして学を嗜む。博く経史に通じ、諸子仏老〔儒教以外の諸派と仏教道教〕ともに咸総覧する所となし」「爲人儁辨宏博たり〔理に聡く度量が大きい〕[23]」と評されている。こうした伝は通常依拠すべき確たる資料に基づいて記述された。陶穀以降では、蔡襄、蘇軾、蘇轍、黄庭堅、楊万里、祝穆などの人物が詩や文章に建盞の記録を残している。

　建盞の記録で時代の降る例としては、蒙古帝国の重臣耶律楚材（1190～1244）の詩句に見られる「建郡が深甌の呉地より遠ざけられしあり」がある。「西域にて王君玉より茶を乞ふ。其の韻に因る七首」と題された詩文の五首にあたり、次のようにはじまる。「積年啜わざりしか建渓の茶　心籔の黄塵は五車をも塞ぐ　碧玉の甌中に雪浪を思ひ　黄金の碾畔に雷芽を憶む　盧仝の七椀のときは詩にさえ得難し　老き三甌を念うも夢亦賖し　敢えて君侯に乞う数餅を分かたんと　暫くは清興を煙霞に遶らしめん」〔長い間建渓の茶を喫んでいない。心は俗事に煩わされて多くの書物を読むこともできない。碧玉製の甌を覗いては波立つ面を想い、黄金製の碾の畔に茶葉を憶むのみである。盧仝が詩に表わした七杯の茶の効能などはその詩さえ手に入らない有様。三碗をひたすら諗うも夢はるかである。敢えて君に数餅の茶を分けてくれることをお願いする。暫しの間煙霞を囲んで清興を尽くしたいものだ〕。

　こうした詩からうかがえることは、宋朝の闘茶の流行に倣って北方の蒙古帝国においても喫茶の習慣が普及しつつあったということである。詩文に記された茶器は「瓊甌」「碧玉深甌」などとも形容されるが、青瓷や白瓷

の類を指すものと思われる。「建郡の深甌」が建州の茶碗をいうことは間違いなく、「蕭蕭たる雨莫く雲は千頃たり　碯碯たる春雷に玉一て芽ぶく　建郡が深甌の呉地より遠ざけられしあり　金山の佳水は楚江ともに睠かなり[24]」と江南の風景とともに謳われるのをみてもわかる。かの詩人は漠北の地にあって江南の風物を追憶してやまない。その時期は太祖成吉思汗の西域遠征（1219〜27）に随行した期間と考えられ、元が国号を建てた1271年以前、南宋の中期から晩期への移行期に相当する。こうした詩句から、建盞が青瓷、白瓷とともに茶碗として用いられ、その評判は遠方にまで達していたことが知られる。

　元時代の文献で注目されるのは前出『陶記』中の次の記載である。「予の観るところ数十年来斯に官となりて去りし者で、州家〔州庁〕に挂欠〔滞納税額〕の籍の有らざるはなし。蓋し甞みに其の故を推求するに即ち由有り。窯家の作輟〔稼動と休業〕は時年の豊凶と相表裏を為せりが一なり。臨川、建陽、南豊など他産の奪ふ所の有りしが二なり……[25]」。

　ここで挙げられる‘建陽’については、従来建窯をさす、あるいは建窯を包括するものと解釈されてきた。しかしこの問題に関しては、現在の知見からさらに検討してみる必要がある。

　‘建陽’窯とは建窯のみを指すのかあるいは建窯を含む広義の用語なのか。まず其の解決は歴史地理の方面から進められなければならない。第1章で述べたように、建窯が営まれた水吉鎮は行政区画上建陽ではなく常に建甌に属し、それが建陽の管轄下に置かれたのはかなり後のことである。従って『陶記』にいう‘建陽’窯は別に求められねばならない。

　熊寥氏の考証によれば、『陶記』の成立年代は元の至治壬戌から泰定乙丑の間（1322〜25）とされる。考古発掘から見れば、建陽県内の元代窯跡として源頭仔窯があ

り、青釉や青白瓷が焼成されたがその規模は小さく、また産品の多くは粗製で、景徳鎮の製品と市場で競い合ったとはとても思えない。『陶記』に並記される‘臨川’‘南豊’の両窯はともに宋代に生産のピークを迎え、産品は大半が青白瓷であった。そこで‘建陽’窯についても建陽県内の窯跡に、宋代で青白瓷という条件に該当する例があるか否かを確認しておく必要がある。現在の建陽市莒口鎮(きょこう)の南に発見されている華家山(かかさん)窯跡はその例として挙げることができる。生産の規模もかなり大きく、青白瓷、白瓷といった製品の多くは景徳鎮瓷に類似し品質も匹敵するもので、景徳鎮の市場にある程度の脅威となったとしても不思議ではない。『陶記』の冒頭は「景徳陶（景徳鎮の製陶業）は昔三百余座〔の窯〕有り」の言葉に始まり、文章の内容は景徳鎮窯の生産方式、産品の種類、販売地域、工芸技術などに及び、基本的にはすべて宋代以降の状況である。蔣祈(しょうき)がその原因に思いをめぐらせた‘数十年来’の景徳鎮窯業の不振の時期も宋代、とりわけ南宋中晩期にあったと見られ、その時期こそ臨川、建陽、南豊の各窯が競合する時代的な条件が備わっていたのである。こうした同種製品による市場の占有率をめぐる闘いは、まさしく進化論にいう‘生存競争’であった。

　ここまでは蔣祈の記述が正確であるという前提に立って、建陽県について見てきたが、それでは彼が建陽の地理を誤解して‘建陽’窯と表記した可能性はどうであろうか。考古発掘の結果から見れば、建窯の営長墘で南宋晩期から元初に黒釉の焼成から青白瓷へと転換した小規模な窯跡が発見されている。その他の地点には青白瓷の大きな堆積は発見されず、すでにこの時期の建窯が衰退段階にあったことが理解される。当然のこと景徳鎮窯に「他産の奪ふ所あり」という局面を引き起こす力など持ち得るはずはなかったのである。

以上の各方面の資料の分析と検討から、宋代の建窯における黒釉生産の状況を次の各段階にまとめることができる。

**創業期**　北宋早期、10世紀後半。
**隆盛期**　北宋中期から南宋中期、11世紀から13世紀前半。最盛期は北宋晩期から南宋早期、11世紀後半から12世紀前半。
**衰退期**　南宋晩期から元代初期、13世紀後半。

　建窯黒釉瓷器の製作、使用の年代を考察する過程で、流通のおおよその範囲が宋朝の都である汴梁（河南省開封市）、杭州をはじめとして東南地域に広がり、さらに日本や朝鮮半島にまで達していたことが知られた。そうした国際市場に流通した期間は北宋晩期から南宋全期を通して元代初期まで、すなわち12世紀前半から13世紀後半という長い期間におよぶものであった。

# 第4章　喫茶法の発展と建窯

　建窯が宋代にめざましい躍進を遂げることができた理由としては、すでに述べてきたように窯場自身が保持し続けた工芸技術上の活力がまず挙げられるが、そのほかにも建州地域に広がりつつあった茶樹栽培や製茶の振興と宋代における喫茶法の新たな展開──闘茶(とうちゃ)の流行などが建窯の生産を時に後押しする力になっていたことを見逃すことはできない。

## '建渓(けんけい)の官茶は天下に絶す'

　中国では日常生活に欠かせぬものが「柴(チャイ)〔薪〕米油(ミィヨウ)塩(イェン)醤(ジャンツゥ)醋(ツゥ)茶(チャア)」と言い習わされているが、茶の飲用はそれほど人々の暮らしに密接なものとなっているのである。茶の栽培と飲用の歴史ははるか昔にまでさかのぼり、伝説時代の神農氏(しんのう)の飲茶にはじまり、漢晋時代以降徐々に飲茶の習慣が広められることとなった。唐代に陸羽が著した『茶経(ちゃきょう)』こそは中国のみでなく世界中で最も早く編まれた茶の専著である。その中で茶の産地についても触れられているが、福建地域では「福州、建州」が挙げられ、「往々之を得れば其の味は極めてよろしい[26]」とのコメントも見える。『茶経』の成立は758年頃であり、中唐時代の閩北建州地区はすでに茶の栽培で知られていたことがわかる。

『茶経』

　祝穆の『方輿勝覧』では「南唐保大間(943～57)建州に命じて作らせた的乳茶(てきにゅう)を名づけて京鋌(けいてい)〔形が鋌(のべがね)に似る〕と曰う。臘茶(ろう)〔臘〕茶を貢献することは此れより始まる[27]」との記述があり、建州の茶がすでに五代の時代に

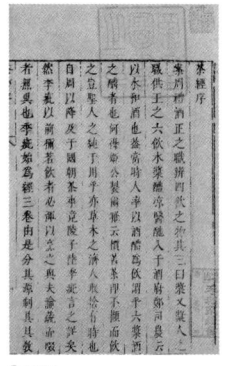

66

は貢納品に列せられていたことがうかがえる。当然そのころには喫茶の習慣もその地方に普及していったはずである。建窯の晩唐五代の遺跡からは青釉の碗、托盞、水注、薬研などが発見されているが、いずれも飲茶に用いられた茶器と考えられる（17頁参照）。このような状況から建窯はその初期の段階から飲茶と深く結びついていたことが理解される。

宋代に入ると福建北部の建州や南剣州はすでに全国的に見ても茶の主要な生産地としての地歩を固め、傑出した生産量と品質で名声を博していた。『宋史』食貨志は福建の茶の年間生産量が393000斤〔1斤は約597グラム〕であると記し、また「茶に二種類がある。片茶〔固形茶〕と散茶〔葉茶〕である。片茶は蒸造して棬模〔型〕で固形として之を串ねる。唯建州、剣州では蒸し既わってから研り、竹で編んだ格を爲り焙室中に置かれたが、最も精潔で他処では造ることができないものである。龍、鳳、石乳、白乳など十二等があり、歳貢及び邦国の用に充てる[28]」と説明される。建州地方で製造された片茶は茶葉を碾き磨り、蒸し焙じて餅状に整形されたもので、団茶とも称され、その品質の精良と美しさによって龍、鳳等の品種は毎年宋朝の宮廷の御用に献上され、また国事行為の賞賜贈答品としても用いられたという。

建州の献上茶の管理をいっそう強化するために、その経営を行政機構の中に組み入れることが企てられ、北苑御茶園と称する政府直営の茶園と製茶所が建州地区に設置されるに至った。その位置は現在の建甌市の市街から東へ10キロ、東峰鎮の裴橋村一帯で、鳳凰山、壑源嶺を主峰とする山並みと建渓の支流に沿った一面に広がり、周囲15キロ、丘陵に抱かれた温和な地形で茶樹の栽培にはまさに絶好の自然環境であった。

御園の創建は北宋の太平興国2年(977)、官民の製茶場は合わせて1336ヶ所、官営のものはそのうち32ヶ所であ

った。官営の製茶事業についての監督は福建路転運使〔漕司(官署名)と略称される〕がその任にあたった。北宋、宋子安の『東渓試茶録』や南宋、熊蕃の『宣和北苑貢茶録』などの記載によれば、宋の太宗から徽宗に至るおよそ130年の間に、北苑からの優良な茶の貢納はいよいよ進み、量額ともに膨大な数に達したことが知られる。

北宋晩期徽宗代の記録を見ると、貢品の種類は50余種、歳貢の額は47100斤〔片とする版本もあり〕と空前の数量に達している。それゆえ徽宗は『大観茶論』で「本朝の初めから歳に建渓の貢品があり、龍団、鳳餅の名は天下第一である」「採択の精、製作の工、品第の勝、烹点の妙など、すべて極致をきわめている[29]」と記している。

南宋期に入っても北苑茶園では旧制にしたがって製茶が行われていたが、新しい品類の開発は乏しく、貢納額も減少の一途をたどり、孝宗の淳熙年間(1174~89)の貢納額は6125斤であった。1982年、宋代の北苑遺跡の調査が実施された際に、考古調査員によって摩崖石碑が発見された。碑の全文は次のように刻まれていた。

「建州より東に鳳凰山あり、厥の植うるは茶に宜し。惟れ北苑は太平興国の初始めて御焙を為り龍鳳を歳貢せり。東は東宮より上まり西は幽湖、南は新会、北は渓まで三十二焙に属る。署と亭榭が有りて中を御茶堂と曰う。後の坎泉は甘く之に宇して御泉と曰う。前に二泉を引き龍鳳池と曰う。慶暦戊子仲春朔の日に柯適が記す」。

石刻には御茶園の創始時期、範囲また官署、亭榭、泉池といった製茶場の施設などが言及されている。碑の年代は北宋の慶暦8年(1048)、銘書者は蔡襄の後を継いで福建路漕司を統括した柯適である。1995年、福建省博物館は北苑遺跡の考古発掘を行い、北宋、南宋時期の漕司の公署、摘み取った茶葉を洗った泉井、亭榭などの遺構を発見し、同時に工具、茶碗、茶罐などの遺物を採集

した。それらが北苑御茶園の輝かしい時代の証人であることはいうまでもない。

建州の茶葉の生産が年々増大し、またその品質もいよいよ純良をきわめるとなれば、その趨勢はただちに喫茶の流行という現象に現れる。とりわけ北苑茶は、その価値を黄金に擬せられるほどの名声を博し、多くの文人墨客はそれを賞讃してやまなかった。例えば、

　貢納の時が迫れば詠嘆して、「建安のはるか三千里にありしが　京師は三月に新茶を嘗せんとす[30]」と言う。

　茶品の神奇を形容しては、「蒲陽〔蒲田の陽〕の学士蓬莱仙　月団を製成し上天に飛びたたん[31]」の句を作る。

　また餅茶の新しい意匠を誉めそやして、「密雲の新様は尤も喜ぶ可し　名は元豊の聖天子より出づる[32]」と言う。

　形の美しさを喩えては、「北苑は春風たり　方圭円璧ともにあり　万里の名は京関を動す[33]」と言う。

　その効能を歌って言う、「一日に一甌を嘗さば　六腑に昏邪なし[34]」。

　香味を推賞しては、「建渓の官茶は天下に絶す　香味は須らく小雪たるべきを全うせんと欲す[35]」と言う。

建甌北苑御茶園遺跡摩崖石碑

第4章◆喫茶法の発展と建窯　69

北苑茶は天下第一の茶と称えられた。宋朝一代の間その右に出るものはなかったのである。
　元代になると北苑御茶園も衰退に向う。発掘調査の結果を見ても元代の建築遺構に宋代の規模はなく、発見される遺物も豊富とはいえないものであった。地方誌などの記載によれば元の帝室御茶園は現在の武夷山市〔旧崇安県〕武夷山風景区の中に置かれている。
　興味深いことは、北苑御茶園と建窯の盛衰が軌をほぼ同じくすることで、これを歴史上の単なる偶然と考えてはならないことは当然である。すでに述べたように北苑における献上茶の事業はすべて福建路転運使の監理下に置かれていたのであり、同時期の建盞の貢納も同じ管轄下にあったと考えるのが自然ではなかろうか。

## '紫泥の新品に春華は泛ぶ'

「工，其の事を善くせんと欲すれば、必ず先ず其の器を利くす」〔『論語』衛霊公、岩波文庫版による〕というように、飲茶の流行は其の作法や器具など茶にまつわる事柄への関心を高め、それはそれ自体芸術と呼ばれる域にまで到達する。喫茶の作法が完璧に向えば当然それにふさわしい茶道具が求められる。建窯の黒釉瓷器はこうした機運に乗じて生み出され、またたく間に頭角をあらわしついには宋代の闘茶の世界にあって茶器の筆頭に挙げられる栄誉を勝ち取るに至った。
　中国古代の飲茶の方式は唐代以前にあってはもっぱら煮茶法という比較的素朴なもので、それは料理を煮て作るのと大差はなかった。唐代になると飲茶の方法は烹茶へと変化する。これは茶を釜鍋（鍑）で烹じ、杓などを用いて碗に汲み分ける仕方で、茶のエキスを充分に煎じ出し、所作や器具が芸術的に発展する過程がうかがえる。唐代の後期になると茶瓶で湯を沸かし、碗に茶末を入れて瓶の湯を注ぐという点茶法が登場する。陝西省扶風県

の法門寺の塔の地下から宝物が埋蔵された地下宮が発見され一大センセーションを巻き起こしたことは記憶に新しいが、その中には飲茶に用いられる碾、羅、籠、塩台、盒、風炉、越州窯の秘色瓷碗などが含まれており、すでに一定の茶具の組合せが完成していたことを知ることができた。五代から北宋の初めにかけて飲茶の作法はいよいよ複雑化の度合いを強めてゆく。

宋初、陶穀の『清異録』茗荈門には35項目の記事が挙げられ、唐、蘇廙の「十六湯」をはじめとして「生成盞」「茶百戯」「漏影春」など実に多岐にわたる点茶法が紹介されている。奇巧精細を尽くしたこのような喫茶の作法は、茶の点て方などを競い興じる妙味に発した闘茶の場面で主流をなすようになっていくのである。それは晩唐五代期に建州で始まり、当時'茗戦'と呼ばれた。宋代に入るとその呼び方はさまざまであるが、点茶、試茶、闘茶、闘試、烹試などいずれもこの種の喫茶の娯楽を指している。北宋の初めにはこうした建州の民間で行われている習慣は広く知られていたと思われる。ただしその流行はいまだ一部の地域にとどまっていた。真宗の咸平年間（998〜1003）、丁謂が福建路転運使となって北苑御茶園の監督にあたり、貢茶に大いに努めて『茶図』の書を著した。とはいえその内容は建州地方の茶の採取、製造技術の紹介にとどまっていた。

北宋中期、仁宗の慶暦年間（1041〜48）、福建仙游人の蔡襄（1012〜67）が福建路転運使の職につく。蔡襄は後に書家として広く名を知られることになるが、深い教養と秀でた政治的手腕はいうにおよばず、水利や園芸といった分野の業績にも見るものがあった。建州で貢献茶の督造に従事する間に、建州地方における闘茶の習慣の調査に心を砕いた成果が『茶録』の撰述という形で残されているが、これは唐、陸羽の『茶経』を継ぐ極めて重要な茶の専著として今に伝えられている。蔡襄は特にこ

半倒壊の法門寺真身宝塔

法門寺地下宮

秘色瓷碗（法門寺地下宮出土）

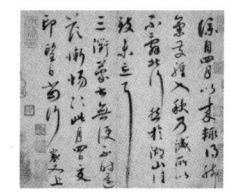

蔡襄書

第4章◆喫茶法の発展と建窯　71

の書を仁宗皇帝に献上し、その奏序で次のように述べる。
「臣の前に事を奏するに因り、伏して陛下より喩を蒙るに、臣が先に福建路転運使に任じし日に進めし所の上品龍茶の最も精好なりしと。臣退きて念うに草木の微にして首陛下の知鑑を辱くするとは、若し之が地を得る処あれば則ち能く其の材を尽くさんものなりと。昔、陸羽が『茶経』は建安の品を第せず、丁謂の『茶図』は独採造の本のみを論じて烹試に至りては、曾て未だ聞かず。臣輒ち数事を条して簡にして明り易きとし、二篇に勒成〔版木に刻む〕し名づけて『茶録』と曰う。伏して惟うに、清閑の宴に或ひは観采を賜わらば、臣、惶懼栄幸の至りに勝えず㊱」。

『茶録』二篇は上篇で茶を論じ、下篇で茶器を論じて闘茶の方法の紹介に割かれる部分も少なくない。その大体の手順は次のようにまとめられる。

　**茶を研り盞を火で熁す**　茶餅を微火で炙り乾かし、細末に碾って火で熁し、温めた碗盞の中に入れる。

　**湯と練り合わして茶膏を調合し、湯を注ぐ**　湯瓶を用いて先ず少量の湯を碗に注ぎ、茶末を練り合わせて濃い目の膏の状態にし、その後逐次湯を注いで茶を点てる。茶末の色は青白色が良く、黄白色に勝るとされる。

　**撃払して点ちぐあいをみる**　湯を注ぐと同時に茶筅〔この頃はまだなく茶匙が用いられた〕で茶湯を撃ち払い、〔攪拌〕して湯花を浮き立たせる。両の腕が伸びまた弛むにつれて腋下に風が生じ、清涼の気が醸し出される。闘試では水痕〔湯と茶末が分離したムラ〕が早く現れたものが負けとされる。

　闘茶用の茶は色、香、味など細かく品評され、「茶の色は白を貴ぶ」「肉理を以て潤あるは上と為す」「茶は真香有り。而るに入貢なるは微かに龍脳を膏〔汁を搾り去った後の茶芽〕に和する有りて其の香を助せんと欲す。建安が民間で闘試するに皆香をいれざるは、其の真の奪

わらるを恐れればなり」「茶の味は甘滑を主ぶ。惟北苑鳳凰山に連属したる諸焙〔製茶場〕にて産する所のみは味佳なり」はみなそうした記事であり、また「水泉甘からざれば能く茶味を損ふ㊲」というように水は甘泉が欠かせぬものであった。

　晩唐以来の点茶、飲茶の器具も、宋代になると完璧な姿に整えられるようになる。南宋、審安老人撰『茶具図賛』ではそうした茶器の一つひとつが官職名を借りたり雅号を与えられたりして、姓名字号で呼ばれるまでになっている。例えば茶を輾く石製の輾船は「金法曹〔司法官属〕」、沸騰させた湯を注すに用いる水注は「湯提点〔点検調査する役、官名〕」、茶湯を攪拌する茶筅は「竺副帥〔小武官〕」、茶盞は陶宝文と名づけられ、直接熱い茶碗に触れるのを避けるための托座〔天目台〕は「漆雕秘閣〔天子の蔵書閣、または尚書省〕」などといい、すべて闘茶の作法に供された器具である㊳。

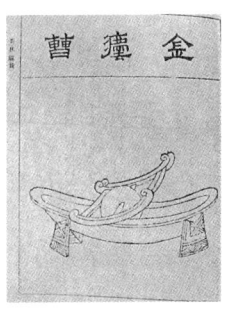

『茶具図賛』

　飲茶の器具としての茶盞について、『茶録』では「茶の色は白なれば黒盞が宜し。建安が造る所は〔色〕紺黒にして紋は兎毫の如し。其の坯〔胎〕は微厚く之を熁れば久しく熱く冷め難し。最も要用と為す。他処に出ずる者は或いは薄く或いは紫なりて皆及ばざるなり。其の青白盞のごときは、闘試家は自ずと用ひざりき」と語られる。

　『茶録』の中で蔡襄は建州の北苑貢品茶を賞揚するとともに茶器としての建盞を推奨する。『茶録』の刊行がこの両者の評判をいやがうえにも高めたことは想像に難くない。建州の民間に行われた闘茶の法はこうして堂上に登ることとなり、まず宋朝の宮廷や士大夫層の中に広められていったのである。北宋の晩期になると、徽宗皇帝趙佶（在位1100〜25）は茶の妙理を追求しみずから喫茶の文化を唱導してゆく。当然そこでは差別化や装飾性が生じるが、一方で製茶、茶器また技巧、作法はもちろん

宋徽宗　文会図(部分)　台北故宮博物院

のこと、喫茶の場面やそれを取り囲む環境にまで関心が向けられるようになり、喫茶の文化は総合芸術と呼ぶに足る深さと広がりを見せはじめるのである。徽宗の撰述とされる『大観茶論(たいかんさろん)』は次のように呼びかける。

「天下の士は志を清白に励み、競ひて閑暇修索の玩を為すに、玉を碎き金を鏘(ひび)かせ〔固形茶を砕いて金属製の茶碾で碾(す)る〕、英(はな)を啜り華を咀み〔英、華は茶の泡〕、筐篋(きょうきょう)の精を較(くら)べ、鑑裁の別を争わざるはなし[29]」。

徽宗は政治的には暗愚の君との譏(そし)りを受けたが、喫茶の世界や書画に関しては極めて深い造詣を持っていた。彼の主導のもとに各種の酒宴や茶会が宮廷内で催され、福建産の建盞はそれらの盛会に欠かせぬ役割を仰せつかり、清雅高邁の風格を具える芸術品となるに至るのである。「上行わば下効(らな)う」の諺どおり、ここに至って闘茶の風習は朝野を風靡してゆくこととなる。廟堂の上に在す達官貴人から水辺を吟行する文人墨客まで、小馬に跨(またが)る肥った大家の御曹子から荷車を引いて漿(のみもの)を売り歩く庶民に至るまで、闘茶を楽しみとしないものはなく、「なんぞ一日も此の君なかるべけんや」〔竹を酷愛した王徽之の故事、『晋書』王徽之伝。此君は竹の別名となる〕というほどに喫茶を渇望し、万民の等(ひと)しく嗜むものとなっていったのである。

当時北宋の宮廷では飲茶の器としては一般に建盞が用いられていた。京師汴梁(べんりょう)近辺の瓷窯でも茶器が焼造されていたが、宋の皇室はなぜ近いものを採らずにはるか南方の建窯からの貢献を求めたのだろうか。それは建盞には他の茶器がまねることのできない幾多の特徴が具わっていたからである。

まず一番目に端正で際立った造形が挙げられる。建盞の大きさは中、小型の規格の例が多く、茶湯一杯の量として手頃であり、口部が大きく底部の小さな形は、茶末の沈澱や流下を容易にする。各形式の碗盞それぞれが形

元、趙孟頫　闘茶図

にかなった機能をもたされていたのである。
　束口碗は数量的にも大きな部分を占め、製作もおおむね丁寧で、大きさとしては中型の例が多い。『大観茶論』は盞のあるべき姿として次のように言っている。
　「底は必ず差深く而して微しく寛くすべし。底深ければ則ち茶を立つるに宜しくして乳〔宋の茶は白く、この語がしばしば用いられる〕を取るに易く、寛ければ則ち筅の運びの旋徹して撃拂を礙げず。然るに須らく茶の多少を度りて盞の大小を用ふべし。盞高く茶少なれば則ち茶色を掩蔽し、茶多く盞小なれば則ち湯を受くるに尽きず㊵」。
　束口碗の深くたっぷりとした姿はこうした要求を充分に満足させたであろうし、その容量は一服の茶に理想的な大きさであった。『茶録』には茶を点てる際の注意として、茶と湯の分量について記す。一碗に用いる茶末の量は匙一銭分〔約3.7グラム。五銖銭を匙とした一杯分とする説もある〕、添え湯は碗の四分目ほどで止める。さもないと「茶少なく湯多ければ則ち雲脚〔湯と茶末が分離して生じたムラ〕が散じ、湯少なく茶多ければ則ち粥面が聚まる〔濃密すぎる〕㊶」ことになる。
　つまりは湯水を注した結果が薄くなりすぎても濃くなりすぎても良くないのである。こうした事情は『茶録』に先立つ北宋初年の『清異録』にすでに触れられており、「一甌の茗〔茶〕は多くとも二銭にならず。茗盞の量ともに宜しきに合えば湯を下すは六分を過ぎず㊷」とある。そもそも茶は茶餅の形での重さは決められていて、使用の際には秤を用いれば分量は間違いようがなかった。一方、湯を注ぐことは、四分目、六分目といってもそれを実際の作法のなかで淀みなく正確に行うことはやさしい作業ではなかったのである。そこで碗それ自体の内に注がれる湯の量の限界を知らせる目安が求められるようになる。束口碗の口縁部と腹部の接する部位に作られた屈

曲、内側では器の上辺を回る小さな膨らみとして現れるその線こそそうした機能として役立ったように思われる。屈曲部のもう一つの作用としては茶湯面の急激な動きを押え、跳ねや溢れによる火傷から守り、また茶湯をたたえた整然とした見込みの光景を演出して見せたことが挙げられる。湯を注しながら茶を点てる作法にあっては、かたや湯瓶を把んで熱湯を注し、かたや茶筅を撮んで碗内を掻き回し撃払これ努めるという動作が必要とされる。指先を軽くして茶筅の重みに任せ、腕を旋らせば指はさらに繞りて走る。渾然として一体の極点に達すると、碗内にはふつふつと乳白の精華が沸き立ってくる。その茶湯の面はあくまで鮮やかに白く、しかも碗内に水痕のないものが最も良いとされた。闘茶においてさまざまな技巧が駆使されるなかにあって、束口碗の屈曲部は限界を示す標識の役をつとめていたといってもよいだろう。

　建盞の斂口碗には小型のものが多く、大型、中型の束口碗から茶湯を移し換え、それぞれ分量を均して飲むという場合に適していたと思われる。斂口碗の口縁には屈曲はないが、口縁を立ち上げてやや内に抱え込むように作られており、跳ねた茶湯が手指にかかるのを防ぎ、また口の形は上等の茶を賞味するにも適している。

　斂口碗や撇口碗では腹部は直線的に開き、口縁は端反りとなる。当時その形は'撆'〔撇〕と形容され、また湯盞とも呼ばれていた。宋元時代の茶宴や茶会では喫茶の餘に羹湯〔あつものやスープ〕を供することが盛行するが、それは多くの薬種や香辛料をまじえて調理されるもので、羹湯には数多くの屑渣が含まれることになる。そうした理由からであろうか、明代の曹昭は『新増格古要論』で「古人が茶を吃するときに撆を用いるのは、飲んだ後に滓が残りにくいからである[13]」と述べている。斂口碗、撇口碗の形はまぜものや渣を流下させやすいも

のであり、'拂'〔はらいぬぐう〕といった形容もそうした情景を指したものと思われる。

　建窯の特徴として二番目に挙げられるのは、胎の厚さと重量感である。闘茶の際にはまず盞を微火で炙り、あらかじめ温めておいて、湯を注し点てた後もしばらくの間は茶湯を一定の温度に保つことが求められた。厚目に作られた建盞の胎土は鉄分を多く含んだ細かな粒子が堅く密に焼きしめられたもので、露胎の部分はザラザラとした手触りであるが、これらの特徴が断熱効果を強め、すぐれた保温性能を生み出しているのである。綿入れの上衣を考えればわかりやすいだろう。綿は多くなればなるほど内部の小さな隙間が密集して空気層として広がり、いっそう断熱効果を発揮して寒気を遮断するとともに保温作用を働かせるのである。

　三番目はなんといっても釉色の美しさである。宋代の餅茶は碾いて粉末にされると鮮白色を呈し、一度湯を注して点てればまたたく間に白色の茶湯がその面に盛り上るかのように現れる。これが建盞の中で起きるのを想像して欲しい。漆黒の釉色が艶やかな鮮白の茶湯をたたえる様には、鮮烈な対照の醍醐味がある。兎毫、鷓鴣斑、毫変といった鮮やかで華麗な文様も白色の茶湯のなかに浮かび上がり、見込みの光景にいっそう変化を与え、茶を啜ろうとした者は、この絢爛たる世界に引き込まれるような興趣を感じたに違いない。『大観茶論』には「建盞の釉色は深い黒色のものが良く、兎毫は玉色ですじ目が細く長く伸びたものを上品とする。それが茶湯の色を鮮やかに発色させ引き立てるからである[44]」とあり、筆者の述べる建盞の特徴とほぼ同じ原理が説明されている。

　建盞では口縁部の釉が薄くなることが多く、なかには露胎となっている例も見られる。これは茶を啜る際には唇に障る欠点とされ、それを補う工夫がしばしば試みられた。口縁の先端部のまわりを金、銀、銅などの薄片で

包み込む鑲口〔覆輪〕がそれであり、口当たりが改善されるだけでなく、器全体の外観を引きしめ、典雅な品格を醸し出すという視覚効果を上げる結果ともなっている。

建盞は建州の貢品茶とともに隆盛を極めていったわけで、貢品茶の場合と同じように建盞もまた多くの文人墨客にとって創作意欲を掻き立てられる主題の一つとなった。建盞にインスピレーションを受け、賛嘆の限りを尽くした詩文歌賦の数々が今に残されている。蔡襄は「茶を試す」と題して、

「兎毫が紫甌も新しく　蟹眼〔沸騰する湯面の泡〕は清泉の煮られたり　雪と凍とに花〔茶〕は成らんと作るも　雲は閑にして未だ縷を垂らさず　願わくば池中の波よ　去きて人間に雨を作さん」⑮。

と詠じている。また黄庭堅は、

「信中の遠かに来りて相い訪い、且に今歳の新茗を至さんとす（以下略）」の詩で、「松風〔茶湯の沸く音〕は蟹眼を転ばせ　乳花に兎毛も明るし」といい、その西江月調の詞「茶」では「兎褐金絲の宝碗ありき　松風に蟹眼たちて湯を新たにす」⑯。

と歌う。蘇東坡の「試院〔試験場〕煎茶」詩に、

「蟹眼は已に過ぎて魚目〔沸騰した湯面の泡〕生じ颼颼として作らんと欲す松風の鳴」⑰。

とある。蘇轍の詩「李公擇の惠泉を以て章子厚が新茶に答うに次韻せる二首」では、

「蟹眼の煎成するも声未だ老まず　兎毛は傾より看るや色尤も宜し」⑱。

の句が見える。楊万里の詩に、

「六一泉を以て双井茶を煮る」〔六一泉は安徽省滁県西南、欧陽修の酔翁亭の側と浙江省杭州の孤山の下に欧陽修に因んで蘇軾が名づけたものとある。双井茶は江西省修水県西、黄庭堅の居所南渓の水で育まれた銘茶〕では、「鷹爪〔若芽を摘んだ上等品〕の新茶に蟹眼の湯

松風は雪を鳴かせ兎毫に霜りたり⁴⁹」。
とある。兎毫の碗で新茶を点てる情景を思い浮かべてみよう。熱せられた湯瓶の泉水はふつふつとたぎって蟹眼、魚目にも似た泡を湧き上がらせ、その冴えた音色は松の梢を吹きわたる風の響きを想わせる。おもむろに湯を注して茶を点てると深黒の世界はたちどころに一変し、片雲がちぎれ飛び雪花が舞い散る光景となる。艶やかな茶湯に照らされるように銀白色、黄金色の兎毫がいよいよ煌きを発し、絢爛多彩の極致が現出する。僧恵洪の詩には、

「点茶三昧なるは汝が饒に須つ　鷓鴣斑中より春露を吸る⁵⁰」とあり、陳騫叔は「鷓斑が椀面に雲は縈うまれ　兎褐の甌心に雪は泓を作さんとす⁵¹」。

という。このように兎毫や鷓鴣斑の碗が互いに奇を競い妍を争う様を詩に詠みこむことは、興趣の尽きぬ楽しみであったに違いなく、また詩それ自身にも風雅な香が添えられることとなったのである。蘇東坡の「南屏〔杭州近傍の山〕の謙師に送る」詩には、

「道人暁に出づ南屏山　来りて試む点茶三昧の手　忽ち驚く午盞の兎毛斑　打して春甕鵝児の酒〔黄色の酒、杜甫「舟前小鵝児」詩より名が知られる〕と作す⁵²」。

とある。ここでは兎毫釉の茶器は酒器へと転用されている。三昧とは茶の妙趣を極めた状態をいうが、この場合では詩人と彼をよく理解する友人との間で以心伝心のうちに体得されたのであろう。

　建州の茶と建盞は一体のものであるかのように、春の到来を告げる風物詩として迎えられた。とりわけ宋朝皇帝やその僚臣たちの所有欲や矜恃は刺激に敏感に反応した。梅尭臣の詩はそうした情景を巧みに映し出している。題は「依韻して杜相公が蔡君謨の茶を寄するを謝すに和す」、その詩にいう、

「天子は歳に龍焙茶を嘗したれば　茶官は雨前の芽を

摘まさんと催す　団香は已にして中都〔京師〕の府に入り　闘品争いて太傅〔最高の名誉官名、高級官員の称号にも用いられた〕の家に伝わる　小石の泉は冷やかなれば早き味を留め　紫泥の新品に春華を泛べたり　呉中の内史に才は多少なるも　此れ従り蒓〔蓴〕羹は誇るに足らず[53]」。

　この詩の「紫泥の新品に春華を泛ぶ」の句は従来、江蘇省の宜興窯がいち早く宋代に紫砂〔有色の坩器質粘土〕の茶碗を焼造したことを示すものとして引用されたこともあるが、事実はそうではない。宜興の紫砂茶器の生産に関して宋代にさかのぼる記録は今のところ発見されていない。蘇東坡の「松風竹炉　提壺相呼」の詩句もそれに関連して引用されることがあるが、いまだ推測の域を越えるものではない。考古学的な発掘調査の結果、宜興羊角山の一帯に宋代と明代の窯跡が発見され、紫砂製の陶罐〔壺〕、壺〔急須〕、甕、盆などの資料が採取されているが、碗や盞の類は検出されていない。宜興が紫砂器でその名を知られるようになるのは明代の中期以降のことであり、宋代には無名の一地方窯にすぎなかったのである。さらに宋人の詩文が取材し賞賛するものは常に茶碗であって、茶罐や急須ではない。この詩の示すところも飲むのは北苑の貢品茶であり、それに用いる'紫泥の新品'とは茶碗をおいてほかには考えようがない。先の「兎毫が紫甌の新しく」と同じく、建窯で焼成し終えた新製の碗、かすかに赤味を帯びた濃い藍色の釉肌を艶やかに輝かす紺黒の碗であったのである。「春華を泛ぶ」というのは茶湯の白末が浮き上がる様を、春爛漫の情景に擬えた表現にほかならない。宋の仏家である重顕の「郎給事の建茗を送るに謝す」詩にもよく似た光景が詠まれている。

　「松根の石上に春光は裏ひ　瀑水の烹え来たるや百花は闘う[54]」。

　蘇東坡の水調歌頭調による詞「桃花茶」は次のよう

に歌っている。

「巳に幾番の雨も過ぎ　前夜一声の雷あり　旗槍〔茶の葉と芽〕の争ひ闘うも建渓が春色は先ず魁を占めたり　枝頭の雀舌〔若芽〕を采み取りて　露を帯ませ煙に和せて搗砕するや　結びて紫雲の堆と就る　黄金の碾を軽動すれば　緑の塵埃の飛び起たん　老龍団、真鳳髄〔銘茶〕ともに点つるに将に来らんとし　兎毫盞の裏に霎　時滋味の舌頭を回りたれば　青州従事〔美酒の異名〕を喚び醒まし　戦いて睡魔千万を退く　夢は陽台に到らざるも　両腋に清風の起ちて　我を蓬莱に上らせんと欲す〔陽台は仙女との交感の叶う霊場、蓬莱は東海に浮ぶ仙山〕」。

　ここで建茶と建盞は詩人の中になんとも大胆かつ明晰な発想を啓き、叙情に空想の羽を広げさせ、ついには人間の絶品、稀代の精英こそが達し得る夢幻の境地へと誘っている。

　盛唐時代の文化に軍功の志向に発する壮大な気風が見られたのに反し、宋代では孔孟の思想を批判的に再構築した儒学、理学〔宋学〕が勃興して時代の雰囲気は一変する。時代の精神はすでに馬上には求められずむしろ閨房のうちにあり、外部世界にはなく個々の人間の心の中にあった。そこでは個人の意思や情感こそが芸術や美学の主題となりえたのである。闘茶を題材とした詩文はこうした時代精神を映したもので、種々の建茶と建盞からなるアンサンブルを賞玩することは士大夫層にとって無限の興趣であった。彼らはその中で脱俗の境地と深い愉悦を感得し、精神的な飢餓感を充足させることができたのである。古代にはじまる中国の喫茶の文化は、ここに至ってその高みを極める。こうした観点からすれば建盞はその美しさで社会文化を活性化させた触媒であったともいえるだろう。

## 第5章　宋元時代の倣建盞

　建窯の隆盛と闘茶の流行という状況にあって、宋元時代には建窯の影響を受けながら、近隣の地域に相次いで窯場が開かれ、競って建盞に倣った黒釉瓷器が焼成された。やがてそれらは一群の窯業系を形成し、当時中国南方で優位を占めていた龍泉青瓷窯系、景徳鎮青白瓷窯系と肩を並べるまでになるのである。

　建窯瓷系の窯跡は閩北、閩東に集中し、江西、浙江、安徽など各省にもおよぶ。主要なものを列挙すれば、福建省内では建陽の白馬前、武夷山の遇林亭、松渓の垌場、光沢の茅店、建甌の小松、浦城の半路、南平の茶洋、長汀の南山、福清の東張、閩侯の南嶼、寧徳の飛鸞など、江西省では鉛山、景徳鎮湖田、浙江省では武義、安徽省では績渓の霞澗などとなる。

　窯跡の広さは数千から数万平方メートルとその規模はまちまちで、黒釉瓷器のみを焼いた窯場もあるが、黒釉を主として青釉や青白釉も生産した例や、その逆の場合もあり、むしろ黒釉瓷と他のものを合せて焼成したケースが多かった。

　上掲の窯場から4ケ所を選んで紹介しよう。それらは生産規模が比較的大きく、多量の製品が造られ、鮮明な個性に典型的な特徴がうかがわれるからである。

### 武夷山の金彩碗

　福建省武夷山市星村鎮の遇林亭窯跡は武夷山風景区に含まれる6万平方メートルの範囲に広がる史跡で、1998年の発掘によって龍窯や水簸場の跡などが発見され、瓷

武夷山の峻崖

器や窯道具といった多くの資料も発掘されている。この窯の活動期間は北宋の中晩期から南宋の中期前後と推定され、建窯が隆盛にあった時期と重なっている。

　主要な製品は黒釉瓷器で、他に少量の青釉や青白釉の器皿が焼成されている。黒釉瓷器の器種は大半が碗であり、形式、成形、焼成技術いずれの点においても建窯との類似が指摘された（カラー図版7・8）。建盞と明らかに異なる点は胎土や施釉に見られ、胎土はほとんどが灰白色か灰色を呈し、外面下部の釉際では厚薄二層の釉層が認められる例もあった。これは厚く施釉され色濃く発色した部分の縁（へり）から酸化を受けて赤褐色となった薄い黒釉の跡が覗いていて、あたかも複数回の施釉が行われたかのように見えるものである。また、黒釉の碗に金彩の図案を施すことがこの窯場の際立った特徴であった。発掘調査においても、金彩は剥落して痕跡をとどめるのみとはいえ、龍、鳳、鶴、松、竹、梅、蘭などの図案のほかに「寿山福海」〔寿は南山に比し福は東海の如し、長命富貴を寿ぐ句〕などの吉祥句も確認された。この窯場の産と思われる黒釉金彩の伝世品は多く日本の請来品の中に見られるが、これまでは誤って建窯の産と判断されたり、漠然と建窯系ではあるが産地不明として放置されるままとなってきた。遇林亭窯跡の発掘はこうした問題の解決に一条の光を当てることになると思われる。中日両国の研究者が窯跡の出土品と伝世品とをつぶさに観察し比較検討を行えば、産地の問題も解決され、相互の共通認識が得られるはずである。

　東京の五島美術館には黒釉金彩の碗が所蔵されている（カラー図版21）。形は束口で口径は12.5センチ、胎土は灰白色を呈し、外面の釉は裾で止められ、露胎部分はかすかに赤味を感じさせる。見込み4ヶ所に六花形の開光（窓）を備え、それぞれに「寿山福海」の句一文字ずつを配している。見込みの中央には五弁花を置き、余白を

黒褐釉碗

黒釉金彩「寿山福海」碗

放射する線条で埋めている。

　さらにもう一碗、注目される黒釉金彩束口碗がある（カラー図版22）。口径は10.4センチで胎土は灰白色、口縁は茶褐色、外側の釉際は釉の流れによって上下に波打ち、赤褐色に焦げた薄い釉の層がはっきりと認められる。興味をそそられるのは内面に描かれた詩と画である。画は武夷の山水であろうか岩崖、楼閣、樹林などの景観が表わされ、口縁下を回って次のような詩が書かれている。「一曲の渓辺に釣船は上り　幔亭の峰影は晴川に蘸る　虹橋一断して消息なし　万壑千岩は翠烟を鎖す」。

　この句は南宋の著名な思想家であり、朱子学を創始した朱熹（1130～1200）の「九曲棹歌〔舟唄〕」詩から採られている。朱熹は武夷山の地に長く親しみ、ついにはそこに精舎を開いて門弟諸衆への講義や著作に明け暮れた。息抜きには友人と連れたって九曲渓〔武夷山市の西、崇陽渓の支流7.5キほどの距離。山間をぬう屈曲する渓流で知られる名勝〕に舟を泛べた。河岸にせまる絶峰と清冽さを湛えて舟をゆるやかに運ぶ緑水のパノラマは、思索につかれた五感を解きほぐし、自然と湧き出た詩題は立ちどころに唱和され、また時には興のおもむくままに石壁に記されたりもした。九曲渓に取材したこの抒情的な「九曲棹歌」詩は人口に膾炙し、千古の絶唱とまで言われるようになった。この詩が書き入れられた碗もそうした背景から製作されたと考えられ、その時期は朱熹の歿年の前後、南宋の中期頃と推定される。

　瓷器に金彩で文様を表わす技法は、宋代には北方の定窯や南方の吉州窯などに見られる。定窯の金彩の製作方法については、宋、周密の『志雅堂雑鈔』に記録がある。すなわち「金花の定碗は大蒜〔にんにく〕汁を用いて金を調え描画する。その後に再び窯に入れて焼けば永らく金は落ちない[6]」というのがそれである。

　ところで中国では瓷器上に金彩を施す場合、膠の接着

黒釉金彩武夷山図碗

定窯褐釉金彩碗

力を利用することが古くから一般的に行われている。大蒜汁にも粘性は認められるが、固定剤の機能を果たすほどのものとは思えない。伝世品の定窯金彩碗を見ると、すでに金彩は剥落して痕跡のみがうかがえる例が多い。'永らく金は落ちない' ということは疑がわしい。遇林亭窯においても定窯の技法に倣った金彩施文が行われたのだろうか、金彩はそのほとんどが痕跡のみとなっている。

　黒釉の碗に龍、鳳、花草などの文様を表わし、また吉祥句を書きつけるという着想も宋代の喫茶文化が醸成した一つの創意といえる。その淵源をたどれば宋代の初め、闘茶の濫觴期にまでさかのぼることができる。陶穀の『清異録』には以下のような記載がある。

**生成盞**　「茶を饌える際に湯面に物象を幻出するのは茶匠の通神の芸である。沙門福全は金郷〔山東省の県名〕に生まれ、茶海に長じていた。能く幻茶を注湯し、一句の詩の成るごとに四甌を並べて茶を点て、共せて一絶句とし湯表に泛べた。小小の物類は手に唾して辦くのみ。檀越は毎日門前に来て湯戯を観たがった。福全は自ら詠じて、生成盞の裏に水は丹青〔絵画〕たり、巧画工夫なれば学ぶも成らず、却って笑わん当時の陸鴻漸〔陸羽の字〕、煎茶に贏得たり好名声、といった」。

**茶百戯**　「茶は唐に至って始めて盛んになった。近ごろは湯を入れて匕を運らすのに特別の妙訣を施すことがある。すなわち湯紋水脈で動植物や魚虫などの物象を作り出すが、繊細巧みな様は画のようである。しかしそれは瞬時のうちに散滅してしまう。これは茶の変で、時の人はこれを '茶百戯' という」。

**漏影春**　「漏影春の法は型紙を用いて盞に貼り、茶を糝したのち紙を取り去り、偽の花身を為る。別に荔肉で葉とし、松実、銀杏の類の珍物を蕊とす。湯が沸くと攪て点てる㊿」。

茶湯の表面に文字や動植物の形が現れるというのはそもそもが偶然によるものだろう。むしろそれに着目して工夫を凝らし'通神'とまで称された至難の技芸に高めた飲茶家の存在が注目されるのである。遇林亭の金彩碗の焼造は、茶湯で描いたのならば「瞬時のうちに散滅」する図文を消滅させることなく、茶味を賞でると同時に視覚的な刺激をも得て、精神的な満足をも享受させるものであった。江西省吉州窯の剪紙貼花〔切り紙細工をマスクにして施釉する技法〕の器皿もその由来や目指すところは同じく、同工異曲の妙を伝えるものといえよう。『清異録』の記載から次のような事情も読み取ることができる。福全の例に見られるように、茶湯で詩文を幻出するような技芸は、仏寺における長い修養と飲茶の習慣の中で培われ創始されたのではなかろうかということである。武夷の地は古くから山水の恩恵に浴し、宋代には茶樹の栽培が盛んで、建州の名の下に出売され、また寺院や宮殿、道観も多い。唐宋の間、武夷山は道教で称賛する三十六洞天福地〔名山勝境の奥にあるユートピア、道教では聖地とされた〕の一つ第十六洞天の'真昇化玄天'という名の理想境に列せられている。寺院や道観の僧侶や道士の修行鍛錬の日々にあって喫茶は欠かせないものであり、点茶の技芸が彼らの中から編み出されるのは自然の流れであった。遇林亭の金彩碗も寺観にあって彼らの生活になんらかの興趣を添えたに違いない。少なくともそれが宋代の闘茶の世界をより多彩なものにしたと言うことはできる。現在知られている建窯系の黒釉茶碗の中で、遇林亭が金彩碗を焼造した唯一の窯場であり、そこにも武夷山の寺観との密接な関係がうかがえるのである。

吉州窯剪紙貼花碗

## '灰被天目'と茶洋窯

　茶洋窯跡は閩江上流の北岸、南平市太平郷で発見され

第5章◆宋元時代の倣建盞　87

ているが、宋元時代には南平と福州を往き来する商客旅人のための宿駅がその地に設けられていた。窯跡は山の斜面に位置し、地面は匣鉢、支圏などの窯道具や瓷片など大量の廃棄物の堆積に覆われている。こうした堆積物の丘は、大嶺、馬坪、生洋、碗下、安後の五ヶ所で確認され、総面積は7万平方メートル近くにおよぶ。1995年から始められた考古発掘によって龍窯窯跡11基と小屋掛けの作業場跡1件が発見され、瓷器、窯道具、工具など数多くの遺物も採集されている。こうした発掘調査の結果、茶洋窯では青白釉、青釉、黒釉などが生産されていたことが明らかになった。

黒釉瓷器の器形は主に建窯の束口碗や敛口碗を手本としたものではあるが、成形上には目立った違いも認められる。碗の外面下半部に比較的はっきりと回転による削り痕が見られることや、篦、鉋などの削り道具が跳ねて生じた連続する破線痕やささくれのような擦過痕などはその例である。建盞と比較してみると碗の各部位の形や比例にもおのずと差異があり、それが茶洋窯の碗の個性ともいえる。主な形式としては次のものが挙げられる。

**平肩式束口碗**　中型の深目の碗で、腹下部の高台と接する部分を水平に削り込み、輪高台の外壁は垂角に削り出されている。この高台際に見られる水平面を'平肩'と通称している。（カラー図版33）

**実足束口碗**　小型でやや浅目の碗で、束口形の特徴である口縁部の屈曲はさほど顕著ではない。底部に向かって強く絞られ、高台の内刳りは顕著ではなく、やや窪められている程度である。

**白覆輪束口碗**　小型の薄作りの碗で手取りは軽い。高台は内刳りを入れず、口縁部に淡青あるいは灰白色の釉が施されることから白覆輪と呼ばれている。高台には三日月形の削り痕が見られる。

**実足敛口碗**　平たく丈の低い小型の碗。高台は内刳り

黒釉碗

黒釉白覆輪碗（茶洋窯出土）

のない実足であるが、軽く押し窪めたものもある。

　胎土は一般に灰色から灰白色を呈し、建盞の胎土に比べて鉄分の含有量が低いものと判断される。わずかに灰黒色の胎土の例がある。胎土を観察してみると灰白色の例は緻密であるが、灰色や灰黒色の例では大小の砂粒が雑じる粗い感じのもので亀裂や鬆(す)の発生も認められた。

　施釉は外壁下部までで、釉層は薄く建窯の厚く濃い釉調とはへだたっている。釉肌は滑らかさに欠け、釉の垂下や流れも見られる。釉色には黒や褐色があり、黄黒味を帯びた褐色が最も好まれ、兎毫文が現れた例もある。外面の上部の釉が厚く下部では薄くなる現象がしばしば見られ、二度掛けのような印象を与える。窯跡からの出土品では実足斂口碗が多く、その造形は景徳鎮湖田窯の元代堆積層から発見された黒釉盞と同工のものであった。九州の博多遺跡からもこの形式の茶碗が出土しているが、その盛行の時期は14世紀中葉と考えられている。韓国新安沖の元代の沈没船から引き揚げられた遺物の中にもこの形式の碗があり、その数は200余件に達している(カラー図版14・15)。こうしたことから茶洋窯で黒釉碗が生産された時期をおおむね元時代とすることができる。

　日本伝世の黒釉瓷器に'灰被天目(はいかつぎ)'と呼ばれる茶碗がある。胎土は灰色あるいは灰白色を呈し、幾分粗めの器肌は堅く焼きしめられている。施釉は下層に黄白色の釉が薄く、上層に褐色あるいは黒褐色の釉と二重になっている。釉の発色や質感は極めて変化に富んだもので、灰色と黒色の入り混じった釉面には金銀の光彩が浮き上がる。このような性格は茶洋窯の平肩束口碗の特徴と同様または類似するもので、そのいくつかは茶洋窯で焼成されたものと考えることができる。東京の永青(えいせい)文庫に所蔵される灰被天目は、形式は中型の束口で胎土は灰白色、黒褐に発色した釉が薄く掛けられているが、外面下部の

灰黒釉碗

釉際からは黄色の薄い釉が覗いている。高台際に水平な削り面が作られるが、その下にもう一度削った削ぎ痕がそのままに残されている。茶洋窯の特徴を典型的に示す作例といえる。(カラー図版31)

　現在までに知られている茶洋窯の遺例の分布を考えると、茶洋窯の黒釉瓷器はその多くが海外の市場に向けて輸出されたものであろうと推測される。その経路は閩江を東に下り、河口の港湾都市福州からそれぞれの目的地に向けて旅立ったものと思われる。

## '福州盞'と福州盞

　福建省福清市東張鎮では石坑村と半嶺村に窯跡が発見されている。石坑村では厝後、宮後、石馬頭山の三ヶ所で窯跡の廃品堆積が確認され、総面積は10万余平方メートルに達する。製品は黒釉を主とし青釉器も焼造している。半嶺村の廃品堆積は牽牛嶺にあり、面積はおよそ1.5万平方メートル、青釉が主要産品で黒釉器も焼成された。この広さからわかるように東張は東南沿岸地域最大の黒釉瓷器の窯場であり、その生産規模は建窯にも匹敵するものであった。

　黒釉瓷器では建盞に倣った束口碗と斂口碗が見られ、中型と小型の例がある。建盞のA式束口碗やA式斂口碗(23・24頁参照)と同工の作りを見せる例があり(カラー図版9)、また裾部を内湾させた束口碗が数多く見られた。口縁の先端を軽く平らに押えるかあるいは外反させ、碗身上部は外に膨らみをもたせるが、下部はその逆に内湾して高台に向い、その曲線の延長のように内底には丸い窪みが作られている。建盞には見られない特異な外観であり、この窯場の特徴を表す器形といえる。成形の面では外面露胎部に削り工具の跳ね痕が残る例があることが指摘される。(カラー図版10)

　建盞に倣った東張窯の碗盞では、胎土は濃淡の別はあ

黒釉兎毫碗

黒釉碗

るがおおむね灰色を呈し、一部に灰赤、灰黄、灰黒などの例が見られる。一般に建盞に比べて薄作りだが、胎土は砂粒を含んだ粗質のもので、器表にはしばしば棕眼（ピン・ホール）が生じ、建盞ほど堅緻精製ではない。釉色には黒、藍黒、黒褐、緑褐、褐色などがあり、釉層は建盞に比べて薄く垂下や釉流れも生じている。施釉は外壁裾部で止められ、厚薄に色調を違えて、二層になった現象がしばしば見られる。建盞のような藍灰色や褐色の兎毫文も認められる。

　東張窯と見られる倣建盞の資料は福建省蒲田の林泉院、福清の少林院、福州の清浄寺などで検出された宋元代の文化層や浙江省寧波碼頭（まとう）〔船着場〕遺跡、福建省連江県定海の宋〜元代の沈没船、台湾海峡の膨湖列島（ほうこ）、広東省の深圳（しんせん）など多くの場所で発見されている。そのうち定海の遺跡では瓷器が付着していた船板（ふないた）を試料として放射性炭素年代測定〔放射性炭素の減少量から経過年数を計算する方法〕を行い、930〜1070年前という数値が得られている。ただし、これはあくまで船材の伐採年であって、実際の沈没の時、この遺跡の年代とは相応の年次差が考慮されなければならない。伴出の瓷器の製作年代も船材の伐採時より降る可能性が高く、おおよそ北宋の晩期以降のものと考えられる。九州トカラ列島の臥蛇島（がじゃじま）からも東張窯の黒釉瓷器が発見され、年代は12世紀以降とされている。博多遺跡や鎌倉市などの遺跡からもこの種の倣建窯の資料が数多く出土しているが、その年代はおおむね12世紀後半から13世紀にわたる時期と推定されている。

東張窯碗底部

　こうした例から東張窯の生産期間を南宋から元代中期の間に設定することができる。応永年間（1394-1427）に成るとされる『禅林小歌』（ぜんりんしょうか）中に、中国から請来された黒釉瓷器について「幅州盞」という記載が見える。'幅'と'福'は音が同じ、福州盞という意味で書かれたものと解釈すべきだろう。宋元の時代、福州府の管轄下に福

第5章◆宋元時代の倣建盞　　91

清、閩侯など諸県が属し、福清に東張、閩侯に南嶼があるように、各地で競うようにして黒釉の碗盞が焼成されていたのである。福州盞と言われた中には東張窯の製品も含まれていたかもしれない。

東張窯の倣建窯の遺例は、東南岸地域の寺院や船着場、島嶼部などをはじめ、日本列島やインドネシアのジャワ島まで実に広い範囲で発見されている。その広汎な市場、旺盛な交易活動こそが生産を支えていたといえる。

## 「器は黄黒を尚ぶ」と称された湖田窯

　江西省景徳鎮の湖田窯跡では、主に南宋から元時代の遺物堆積層から黒釉瓷器が発見されている。窯跡は龍頭山、烏頭嶺、琵琶山、獅子山などの場所に確認され、倣建盞器の主要な器形は平たく丈の低い斂口碗でおおむね小型であり、ほかに鉢や口縁部の釉を剥いだ芒口碗もあった。黒釉瓷の胎土は瓦のような青灰色を呈し、黄味を帯びた白色の例も少量見られた。胎質は細砂などを雑じえたもので気孔や亀裂などがしばしば発生し、また器表を指で摩ると凹凸が明らかに感じられる。釉色は多く黄味を帯びた黒に発色し、少数深黒の烏黒色を呈するものがある。一般に釉層は薄く、釉面には棕眼やなだれのような垂下現象が頻繁に見られ、釉面の一部に細かい貫入が生じた例もある。高台外壁と畳付を除いたほかは内外とも総釉である。多くは釉面に文様は見られないが、建盞に似た兎毫状の細条文や吉州窯の灑斑〔地釉に異質の釉を灑ぎ掛けた不規則な斑文〕を真似た例、また油滴、玳瑁〔南海産の亀、甲羅を鼈甲とする。それに似た文様〕文様をもつものが少数見られる。窯詰め技術に関しては、湖田窯では普通、匣鉢に収める方法が採られていたが、覆焼きや重ね積みの方法も行われていたとみえ、口部の釉を剥いだ芒口瓷や、内底の釉を環状に削ぎ取った碗などがみられる。

主要な倣建盞器である斂口碗の特徴を見てみよう。口造りはやや内に抱え込み気味で、器壁は弧を描きながらすぼまり、高台は小振りで内刳りはない。器内一面に黒釉が施され、中間部には一突線がめぐらされている。外面の施釉は裾部で止められ、以下高台まで黒褐色の露胎部となっている。実測された例では、口径10.3センチ、高3.7センチ、高台径3.6センチ、建盞と比べるとかなり扁平な形であり、品質にも開きが感じられる。

　宋元時代、景徳鎮は青白瓷の生産で広く名を知られ、美しい製品は假玉器とまで称賛された。そうした一方で、景徳鎮では黒釉瓷器も焼成されていたのであり、当然建窯とはライバル関係が生じることとなる。元、蔣祈の『陶記』には「淛〔浙〕の東西で黄黒の器が尚ばれるが、それは湖田の窯から出たものである[68]」という記載がある。湖田窯の主力市場が浙江省にあったことが推測される。

## 建盞と倣建盞の比較

　倣建盞を焼造した典型的な窯場を紹介してきたが、その中で建窯と他の窯場との関係についておおよその理解は得られたように思われる。宋～元間の建窯系諸窯場の観察から知り得たことをもとに建盞と倣建盞とを比較して考えてみると、その相違点は年代、技術、流通範囲という三つの方面にまとめられる。

### 生産年代の前後関係

　すでに述べたように建盞の焼造は北宋初期に始まり、北宋中期から南宋中期にその盛期を迎え、元代の初めには衰退する。一方、倣建盞の創業は多くは北宋晩期以降であり、元代に入る例もある。常識から判断しても、ある地域の有名商標（ブランド）製品が、別の地域あるいは多くの場所でいっせいにコピーされるようになるのは、その声名が上がり旺盛な生産にある時期かそれ以降のことである。

建窯の隆盛期が北宋晩期から南宋初期であれば、倣建盞の生産開始が北宋晩期以降になるのは当然のことである。そして倣建盞の規模が拡大するにつれて、本家と競合しついには市場を蚕食していくようになる。これが建盞が南宋晩期から元代にかけて凋落の運命をたどる大きな原因となっているのである。

## 技術上の相違点

　建窯と他の窯場とは、一方で相互に影響しあう関係にある反面、他方ではみずからの新機軸（オリジナリティ）で他窯との差別化をはかる、という一見矛盾するような関係にあった。しかしそうした格闘の中から各窯場の個性が現れるともいえ、それらの特徴を鑑定の手がかりとして建盞と倣建盞とを比較して見ることができる。とりわけ器形や外観が一見同様あるいはよく似ている場合の比較には有効と思われる。

　**成形**　建盞の姿は端正の一語に尽きる。口縁から腹部へと連なる曲線は流れるような輪郭に包まれ、滑らかな器肌とともに轆轤の技（わざ）の規制と熟練を感じさせる。外部の裾にみられる施釉線（24頁参照）も鮮明に稜を現わして削り出される。高台際の削りも丁寧で、傾斜あるいは湾曲する削り面は高台をめぐって均一の幅を保っている。

　倣建盞でも成形は轆轤によって行われる。しかし器の各部、特に角度を変化させる部位では、回転による削り痕や隣接する削り面間に生じた稜線が目立つ例が多く、釉層を透けて浮き上がる白線文のように見える場合さえあり、生硬の感は否めない。裾部の施釉線の削り出しも精細を欠いて、高台際の削り面の幅は一定しない。碗をふせて上から覗くと建盞が同心円状にみえるのに比べ、その歪みは一目瞭然である。下半の露胎部には連続する破線痕が残る例も多くあるが、これは跳刀痕（ちょうとうこん）と俗称され

る削り具の跳ね痕で、こうした現象は基本的に建盞には見られない。

　建盞の成形で印象的なものに高台の削り出しの整斉然とした仕上げぶりが挙げられる。高台は上下の幅を違えずにほぼ垂直に輪郭が削り出され、畳付(たたみつき)は水平あるいは傾きをなして切られている。削りの刃先は截然とし、ためらいの痕を残さず、高台内には浅く内刳りを入れて内底は平らに整えられている。倣建盞では建盞の謹厳ともいえる製作の態度は薄れ、むしろ速度や効率といった点に関心が移ったような感さえ抱かせる。それは高台際の処理などにもうかがわれ、高台では畳付と付け根部でその幅を違え、あるいは畳付が平直でなく、隆起したようなものもある。高台の内外側面や高台内底には回転による削り痕である線条がしばしば見られる。また高台内中央部が、削り残しや削り上げの刀(とう)に持ち上げられて突起した例もある〔日本の鑑賞用語でいう兜巾(ときん)〕。こうした特徴から想像できるのは、手早さを優先した制作態度であるといえよう。（カラー図版34〜36）

　倣建盞器の畳付の整形では、まず内側に向けて斜めに刀を入れ、その後に平らに切って仕上げるという方法が流行した。元代に入るとこうした技法と内刳りを入れない実足の形が結びついて、実足の高台底を弧状に窪めた円餅形の高台になったものと思われ、これも時代の特徴をよく表した高台造りとなっている。

　建盞に比べると、倣建盞の姿は低く扁平な形になる傾向がうかがえ、口径や高さの等しい倣建盞であっても建盞の豊満で堂々とした印象には乏しく、むしろ痩古とした外観は野趣さえ感じさせる。各地方にはそれぞれ親しんできた碗盞との関係、取り扱い方があって当然であり、器形の変化はそうした伝統に育まれた地方の好みに由来しているのである。

　**胎土と釉**　建盞の胎土は主に灰黒色あるいは濃い灰色

茶洋窯碗底部

遇林亭窯碗底部

建窯碗底部

第5章◆宋元時代の倣建盞　　95

を呈し、淡い灰色や赤褐色の例も見られる。胎土には微細な砂粒が含まれ指で摩るとザラついた感触がある。ただし均質精緻な素地土（きじつち）は堅く焼きしめられ、手に取るとどっしりとした重量感が伝わってくる。すでに述べたように入念な‘土造り’の工程と良好な焼成環境とが相い備わってはじめて得られる器肌の味わいである。

　倣建盞では一般に薄作りの傾向がうかがえ、手取りも軽目である。胎土の呈色は灰、灰白、純白など変化に富んでいる。白色の胎土は細緻堅固、灰色の例はやや粗目（あら）で、白や黒の砂粒を雑じえるなど器肌の表情もそれぞれ異なる。いずれにしても建盞の均質緻密にはおよばず、亀裂、気孔、鬆（す）などが生じている例もまま見られる。焼成火度が充分でなければ外圧に脆く、割れやすい。

　一般に建盞の施釉は厚く、釉層の薄い例は少ない。発色は黒色が多く褐色は少なく、釉が全体に下方に垂下する現象が広く見られる。その結果、口縁先端部はほとんど露胎となり、火炎を受けて光沢のない赤褐色の焦げ色（こ）を覗かせる。次いで口縁部では黒味を増して赭褐色（しゃかつ）となり、腹部では上から下へと黒色を深く変化させる諧調（グラデーション）を見せ、裾部の釉際（ゆうぎわ）に厚く溜まって紺黒の光沢を発する。こうした釉のなだれの各場面で、釉肌には青藍、藍灰、黄褐、灰褐、灰白など各色の光芒を放って兎毫の文様が現れる。裾部に流れ下りた黒釉の層は施釉線を隠し、その一部が筋状に流れて滴状を呈する例や高台にまで至る例などもある。器の内面では、底部に釉が厚く溜まってガラスの質感に似た強い光沢を見せる。拡大鏡で観察すると、釉面にはむらなく銀白色の光彩が認められ、外面の釉溜りの縁（へり）の部分で最も強く感じられる。露胎部の器表は器体の胎土の色と同じく多くは灰黒色を呈するが、窯内の酸化雰囲気の影響や土銹（どしゅう）〔土中などで生じた変色〕などによって赤茶色、赤灰色、赭褐色となった例もある。

　建盞の施釉はほとんどの場合単一の釉の一次施釉によ

っている。碗を伏せて上から覗けば釉際の線が高台を囲んで正円を描き、また窯跡で採取された生焼けの資料では施釉の工程がよく観察できる。こうした形跡から施釉法は浸し掛けによるものと推測され、高台をつまんで静かに口部から釉液に浸し、施釉線に達した後に引き揚げるという作業が想像される。一方鷓鴣斑や毫変釉の場合は地釉と異質の釉が施文に用いられ二次施釉に係る例とされる。

　倣建盞では一般に釉層は薄い例が多く、釉色は黒色は少なく多くは褐色に発色し、施釉はほとんどの場合施釉線までおよばず、俗に言う'半釉を掛ける'という状態になっている例がしばしば見られる。兎毫文も建窯のもつ鮮明さはない。

　倣建盞の施釉、釉調の特徴的な外観として次の2つの状況を挙げることができる。まず釉色が上下異なった色調を呈する例が挙げられる。上から釉調の情況を見ると、口縁先端の露胎部ではその幅が非常に狭くなり、時には薄く釉が残る例もある。口縁から器の中ほどまでの釉層はほぼ厚味を保って黒く発色するが、下部に向っての釉は薄められたように透明感のある濃淡の赤褐色となり、その境目は両色が入り交じり自然に変化しているので、この釉色の相違を二度掛けによるものとする誤った見方が生じることにもなる。しかし実際にはこの現象は次のような原因で発生するのである。

① 釉液に浸す時間が短かく釉と胎とがなじむには不充分であった。
② 釉液の濃度や粘性の不足、特に鉄分含有量の低さが指摘できる。焼成段階での釉液は濃度の薄い部分がいち早く熔けて浸出流下する。
③ 窯内での焼成雰囲気の問題がある。

上部の黒釉部分では良好な還元雰囲気を受けてガラス層が形成され、更なる酸化の影響から守られるのに対し、

下部の薄い釉の部分では直接酸化の影響を受けやすく、その結果、釉色は赤味を帯びた褐色を呈することになる。建盞の口縁の薄釉部と腹部の厚釉部の釉色に見られる諸調(グラデーション)もその発生の機微は同じ原理による。上部の厚釉部から下部に釉が流れる現象も見られるが、建盞のように丸く滴状(しずく)になることはなく、帯状に流れるのみで、その部分を観察すると中間部は黒く両側では薄く褐色となっている。こうした点からもこの種の碗の施釉が二度掛けによるものではないことがわかる。それは一度掛けの釉液が溢れて、染み出す水のように広がった現象なのである。

　もう一つの特徴的な外観として、釉色のムラがあげられる。器表の修整が不充分で滑らかさを欠き、砂粒の突出や鬆、気泡などが発生し、斑痕や大小の点痕となって釉面に現れ、黒褐入り交じった色調をもたらす結果となっている。

　以上の2例はいずれも一次施釉によるものであるが、二次施釉の例もある。その多くは口縁部に青釉、青白あるいは白色の釉を掛けるもので、'白覆輪(しろふくりん)'などと呼ばれることもある。その作業手順は、まず黒釉を施してから口縁に削りを一定の幅で入れて黒釉を剥ぎ取り、そこに青釉や青白釉をのせるというもので、両種の釉の接する部分では黒色が淡く褐色に変り、また白釉が黒釉の上に重なる様子が観察される。

　倣建盞の施釉法は碗を伏せ上から覗いて釉際の輪郭線(ゆうぎわ)を注意して見ると、それが碗の中心をずらした相対する2つの円弧によって構成されていることに気づく。それは建盞の水平に釉液に浸す方法とは異なる施釉法を示すもので、その手順は高台をつまみ、器体を斜めにして釉液に浸し入れ、中ほどまで達するやす速く手首を返して逆向に振り、しばらく留めて後引き揚げるという、速成を眼目(な)とした手慣れた動きの跡を見せている。

倣建盞の露胎部に建盞のような落ちついてしっとりとした味わいが感じられることは稀で、多くは褐、赤灰、灰黄、灰白などの器肌に焼き上げられている。
　兎毫文が見られるほかは鷓鴣斑、毫変といった文様は倣建盞に現れることはなく、兎毫にしても建盞の細く鮮やかに伸びた様に比べると見劣りのするものである。
　**窯詰めの方法**　建窯では一つの匣鉢(さや)に一碗ずつ高台を下にして置く方法が採られ、碗の底には匣鉢との熔着を防ぐために墊餅(てんぺい)が敷かれていた。建窯以外の窯場でも主にこの方法が採用されているが、支圏や階段状に溝を作った匣鉢を用い、口縁部を下にして積み重ねる方法や、托座に乗せた碗に次々と積み重ねていく方法などもあり、これらの場合は口縁の釉を剥ぎ取ったり、見込み中央部の釉を円環状に削り取ることが熔着を防ぐために必要であった。窯の構造に関していえば建窯のそれは龍窯に分類され、徳化の蓋徳(がいとく)窯でも龍窯の一部が確認され、また福清半嶺(はんれい)窯で発見されている半円形の燃焼室の形状は建窯と同様であることが確認されている。窯が発掘されていない他の倣建盞の窯場にあってもその多くは龍窯の構造であると推測される。
　総合的にみると、建盞では丁寧周到な作陶に秀で、建窯を模倣して各地で造られた倣建盞では量産を追及する傾向があって、質的には明らかに劣っている。原材料や陶芸技術などの制約により、建盞の水準に到達できたり、それに肉迫する作調を示しえた例は極めて少ない。各窯場の作品を識別する手がかりは、胎土、釉、成形などの観察から得られる具体的な情報であり、それらの特徴を総合的に分析検討することによってはじめて正確な判断が得られるであろう。

## 黒瓷碗の広がりと流通
　第3章で述べたように、考古発掘の結果から建窯系製

品の流通範囲は、中国東南の各地域をはじめとして日本、韓国、南海諸島にまでおよぶものであることが知られた。そのうち建盞は主に宋朝の宮廷、貴人高官、富裕階層に供され、一部は海外へ向けられた。倣建盞は広く民間の市場に出回り、また海外市場からの注文、需要にも応じた。明時代以降、従来の伝統的な喫茶法は散茶〔葉茶、煎茶〕に取って代わられ、建盞や倣建盞も茶器の中に占めていた座を他の窯系の茶器に譲らざるを得なくなる。これと時を同じくして、旧来の闘茶の風習も次第に廃れてゆき、別の全く新しい喫茶の作法が登場する。それこそ明清の功夫茶〔工夫茶〕であった〔烏龍茶（煎茶）の代表的な作法。急須、碗、湯沸し、炉が使われる〕。

　最後に忘れてならないことは、宋元時代、同じく中国の南部に黒釉瓷器の焼成でその名が知られた窯場があったことで、現在の江西省吉安市に位置する吉州窯がそれである。その胎土は黄味がかった白色や黒紫色を呈し、釉色は黒色で、文様には兎毫、鷓鴣斑の類も見られる。ただし高台は外側をほとんど削り出さず湾曲状の内刳りを入れる、いわゆる碁笥底に作られ、また化粧土の使用、釉の二度掛け、型紙を用いた木葉文や梅花文、また玳瑁を思わせる文様など、いずれも建盞には見られない特徴で、宋元の陶瓷の中にあって独特な個性を発揮している。吉州窯の黒釉瓷器については、他の製品品種も含め、その歴史的変遷や意義を論じた専著が本シリーズで刊行されることになっているので[⑭]、あえて詳述はしない[⑮]。また宋元時代には河北、河南、山西、四川などの地でも黒釉の碗や盞が焼成されていて、兎毫や鷓鴣斑油滴が現れた例も知られている。ただし胎土、釉薬や成形に見られる特徴は建盞とはおのずと区別されるもので、その詳細については注に掲げた『中国陶瓷史』[⑯]を参照していただきたい。

# 第6章 建窯の伝来とその魅力

　高雅な品格と美的風趣という時代の好みを碗盞という姿の中に具体化した建窯の瓷器は、美を競い合う陶瓷の百花園にあって一派を打ちたて、中国国内にとどまらず海外へも広がり、その絢爛多彩さは時代を越えて現代でも賛歎されている。その影響はさまざまな形でうかがうことができる。

## 建窯瓷の日本への請来

　南宋時代、浙江省天目山にあった著名な寺院には、法を学び、参禅修行するために渡来した日本人留学僧が多かった。彼らが茶を飲むのに使用していた碗、建盞は帰国の際に海を越えて持ち帰られ、天目山から請来された茶器、すなわち「天目茶碗」と呼ばれるようになった。'天目'という語はのちに黒釉陶瓷の代名詞とされるようにもなる。天目の語源、建盞との関係は一般にこのように解釈されている。

　小山冨士夫氏は日本の博物館、美術館、寺院、個人に所蔵される天目の名碗を調査され、「天目茶碗は日本が世界の宝庫とされており、特に曜変や、建窯の油滴や、玳皮盞のすぐれた茶碗が、わが国ぐらい豊富にある国は世界のどこにもない」〔『天目』平凡社、1974〕と述べている。そうした伝世の名碗の多くが建窯もしくは建窯系の窯場で焼造された作品であることからしても、入宋僧の請来以外に交易による一定量の輸入があったことは間違いない。

　建窯の製品の搬出、交易に際しては水運が重要な役割

を果たしていた。省境に発する南浦渓は窯場をかすめて西南に流れ、諸流と合して建渓と名を改め、さらに南平市で東南に流れを転じ、閩江となって海に開かれた福州へ至る。この流れに乗った水運こそ、嵩がはり壊れやすい陶瓷器の大量輸送に適ったものであり、また窯場から海岸に至る最も速い交通手段であった。

　古く漢の時代に東冶の名で現れる福州は、北は浙江省の会稽から南はベトナム北部に至る沿岸地域と航路で結ばれていた。沿岸交易の主要な港として発展し、宋代には中国有数の貿易港として繁栄を迎えるまでに成長した福州こそ建窯製品の主要な輸出拠点であった。北宋、蔡襄の『茘枝譜』に、閩で採れた茘枝が、「水に浮かべ陸を転えて京師に入る。外は北戎、西夏に至り、其の東南に舟行するのは新羅、日本、琉球、大食の地域である[60]」との記載がある。福州から朝鮮半島、日本、東南アジアへ向けての交易路がすでに北宋時代に拓かれていたことがわかる。蔡襄は「沿海を相度〔観察・測量する〕し、盗賊を防備するを乞ふ」と題された奏上の中で次のように言っている。

「臣の聞くところによれば、福州閩安鎮の把港及び鍾門では巡検一員が海上に在って舶船を封椿します。泉州では同港の巡検一員が城を去ること七里に有って、年毎に下海して舶船を封椿します[61]」。

　泉州には「同港巡検」が置かれただけということからしても、北宋中期までは泉州に比べ福州の港市がより賑わいを見せていたことが推測される。哲宗の元祐2年（1087）に泉州に市舶司〔海外貿易を掌管する役所〕が設置された後は、福州の港湾業務も多くはその管轄下に属するようになった。

　南宋時代に入ると福州の海運事業の規模もいっそう拡大され、『宋会要輯稿』がその消息を伝えている。福建の海船を「幅が一丈二尺〔約3.7メートル〕より以上のも

のは、隻数にかかわらず県毎に三番に分けて隘の把に応募させ」、紹興3年（1133）以降の規定では、毎年徴発する船舶は三分の一を越えてはならないとされる。また乾道4年（1168）の記事に、「福州番船主の王仲珪等が言うには、本州より海船百艘を差撥して明州〔浙江省寧波〕に至る[62]」とある。

こうした記載から類推すると、当時福州では一丈二尺以上の広さをもつ外洋船が三百艘以上運航されていたことになり、造船業も相当な規模に発達していたものと思われる。王象之の編著になる『輿地紀勝』という地理書に、福州の貿易の盛況を表わすのに引用される次の詩句が見える。「百貨潮に随ひ船ともに市に入る」「海舶に千艘の浪おこり、潮田に万頃の秋ひろがる[63]」。

元代に入っても福州は貿易港として繁栄を持続していた。あのマルコ・ポーロも1292年に福州を訪れ、その印象を旅行記『東方見聞録』に書き残している。「フーシュー（福州）市の一辺を、幅1マイルはあろうかという大河〔閩江〕が流れている。河には筏の上に造られた見事な橋がかかっている。（中略）また河上を往来するための船もこの町には数多く備えられている[64]〔東洋文庫版による〕」。

福州が建窯や建窯系の製品の集散地とされたのも、その地理的な位置関係のほかに発達した商業活動という条件があったからである。福州以外に閩南の泉州と浙江省の寧波の港からも建窯の製品は舶載されて海外へと向った。宋元の政府は両地にそれぞれ市舶司を設け、貿易行為を管理した。建窯の瓷器が日本に運ばれた航路として次の三つの路線（ルート）が想定されている。

 a. 福州→琉球群島〔南西諸島〕→日本
 b. 泉州→澎湖列島→日本
 c. 寧波→日本。あるいは泉州、福州→寧波→日本

福岡の博多は九州の西北岸に位置する港湾市で中世以

米、海外との交流、通商の主要な窓口となっていた。宋代にはそこに日宋貿易に従事する中国の商人たちが滞在し、その情景は今日の中華街と呼ばれるものに類していたとも言われている。数十年におよぶ発掘調査の結果、博多湾の海底や博多遺跡から大量の中国陶瓷が発見され、建窯や建窯系の遺例も相当数含まれていた。露胎部に朱や墨で姓名を書き付けた資料もある。判読された文字の主なものは次の通りである。「王」「林」「陳」「汪」「丁」「江」「張」「呉」「周」「陳四」「王二」「陳成」「周太」「林浜」「王七」「朱八」「鄭大」「張二」などで、花押の加わる例もある。興味深いことは、こうした姓名や花押が、1993～97年に福州市屏山一帯の遺跡から出土した陶瓷器に見られたものとほぼ同一かあるいは極めて類似していることである。

　貿易に促がされた頻繁な交流は、墨書の器皿をもたらしただけではなく、墨書の行為そのものを博多の地に流行らせることになったと考えられ、その習慣は福州から伝えられた可能性がある。

　日本の伝世茶器の中の一つに'茶入'がある。一般に薄造りで褐釉が施され、抹茶を容れる器として用いられる。こうした茶入〔のうち「大海」タイプ〕を焼造した窯場も福州の西郊懐安で確認されている（カラー図版30）。福州の対外貿易港としての性格と日本の密接なつながりを具体的に示す一例といえよう。

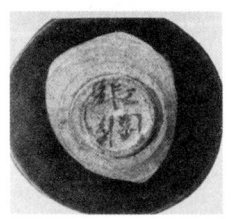

　博多地区で発見されている墨書資料の中で最も注目されるのは、「丁綱」「張綱」などと表記されるもので、運搬にあたる組織や個人を示している。また「二綱」「四綱」「六綱」というものもあり、貨物の数量が示され、「綱司」とあるのは貨物貿易を管理する機関の一つである。「張綱」の墨書をもつ黒釉の茶碗があるが、灰色の胎土に薄い施釉がなされ、腹下部が内湾して窪む束口式の器形であることなど、福清東張窯の特徴がうかがわれ

褐釉壺（懐安窯出土）

「張綱」銘黒釉碗

る。東張窯の製品が張という苗字の商人に扱われていたことを表している。

『宋史』食貨志に載せる紹興6年（1136）の泉州太守〔長官〕連南夫の奏請は当時の情勢を伝えて興味深い。

「諸の市舶の綱首がよく舶舟を招誘して物貨を抽解〔徴税〕した結果、価を累ねて五万貫〔1貫は銅銭1千枚〕十万貫に及ぶ者を額に応じた差をつけ官に任じました。大食の蕃客囉辛は乳香〔樹脂状香料〕直三十万緡〔一さしの銭、普通1千枚〕を販い、綱首蔡景芳は舶貨を招誘して息銭九十八万緡を収め、各承信郎〔従九品の武階官〕に任じられました。閩〔福建〕、広〔広東〕の舶務監官が乳香を抽買〔徴税と収買〕すること一百万両〔一両は37.3グラム〕に及ぶごとに一官を転じ、また商を招き蕃に入って販を興しても、舟が還ってきて任務が終った後にも健在ならば、また此れに依って推賞されます。でありますから、海商のなかで蕃地に入って興販により饒倖を招誘しようとする者が甚だ衆いのです⑥」。

この奏上から、綱首が海上商船の代理人の役を務め、税関の管理下にあってめざましい業績をあげれば、それに応じて一定の官職を得ることができたということがわかる。「張綱」「丁綱」というのも張姓、丁姓の綱首であり、「綱司」とはおそらく市舶司内にある綱首を管理する機構のことであろう。綱首は荷主の代理人であり、輸送船舶は賃貸によったが、時として荷主自身が綱首となって貿易を直接取り仕切ることもあった。平安時代に編まれた『朝野群載』には、宋朝の両浙路市舶司から発行された渡航証明の公文書が収録されている。その文面は次の通りである。

提挙両浙路市舶司〔ほぼ現在の浙江省にあたる地域の海外貿易を管理する官署〕

「泉州客人李充が状に拠る。今自己の船壹隻を将て水手を請集し、日本国に往きて博く廻貨〔交易品〕

を買はんと欲す。明州市舶務へ経赴し抽解せんとするに、公験〔証明書、旅券〕の出給を乞ふ。前去きたるは。〔下の如し〕
一．人船貨物
　　自己船壹隻
　　綱首李充　梢工林養　雑事荘権
　　部領呉弟
　　……（船員67名略）……
　　物貨
　　　象眼肆拾疋　生絹拾疋　白綾貳拾疋
　　　甃埦〔瓷碗〕貳佰床　甃㙛壹佰床
　　　（中略）
右、公凴〔旅券〕を綱首李充に付して出給し、前の稟を収執す。須らく敕牒により前に日本国に去き、他を経回りて本州市舶務に赴くを指揮し、抽解すべし。隠匿透越するを得ず。如し達〔違〕えば即ち当に法に依り根治さるるべし。施行す。　崇寧四年六月日給⑳」。

この渡航証明書から綱首李充がみずから保有する輸送船を運航させ、市舶司で通関手続きをすませてから出港するという情況が知られる。彼らは官府の承認を受けた合法的な存在であり、利潤の追求という当然の商行為のほかに官府の管理事務を代行し、また乗員を総領するなど一定の司法権限をも有していた。まとまった黒釉茶碗を捌いた先の張綱もこの種の商人であったのではなかろうか。

建窯瓷器の盛衰の問題についてはすでに第3章で述べたが、日本への輸出は遅くとも北宋の晩期には始まっていたと考えられる。南宋から元へと進むにつれ、建窯系の窯場の製品が次第に建窯に取って代わるようになり、やがて大量に輸出されるまでになった。こうした営業、販売は海商の貿易活動によって達成されたのである。

## 日本における天目の流行

　建窯や建窯系の瓷器は、沈没船の貨物や墳墓の副葬品として発見され、再び陽の目を見ることがある。これらは貿易品の一部分であるが、多くの美しい作品が日本人の手で使用され、また大切に守られて後世へと伝え残されている。こした伝世の過程を考える上で、茶道や社寺が果たした役割の大きさは改めて認識し直されなければならない。

　日本における茶道文化は中国に起源をもち、その密接な関係は唐時代にまでさかのぼる。

　7～9世紀、中国では強大な唐帝国の時期にあたり、これに対応して日本列島でははじめて中央集権による統一国家が成立する。その統治が当時制定された'律'と'令'を基本法典とすることから'律令国家'とも呼ばれる。新しい国の指導者たちはたびたび遣唐使を派遣して唐の制度や文化を積極的に摂取したが、喫茶の文化もそうした中で受容されるようになったのである。

　804年、空海、最澄ら留学僧を乗せた4艘の船団は肥前田浦港を離れ、使節団は長安〔現在の陝西省西安〕に達し、翌年に帰国した。その帰国の一団の中にはすでに30年余りの歳月を中国での修行に明け暮れた老僧永忠（えいちゅう）も含まれていた。この最澄、永忠の唱導のもとに、日本で最も古い茶園——日吉茶園が開かれる。『日本後紀』によれば、弘仁6年（815）、嵯峨天皇は近江国韓崎（からさき）〔大津市唐崎〕に行幸され、大僧都の永忠はみずから唐人の煎茶法をもって茶を献じたとあり、喫茶に関する最も古い記録とされている。

　中国の宋元時代は、日本では平安時代の後期から鎌倉時代にあたるが、宋人が親しんだ点茶の作法もこの時期に流入する。中国の南宋時代、入宋僧栄西（にっそうそうえいさい）（1141～1215）は『喫茶養生記』（きっさようじょうき）を著し、疾病の予防、健康の維持、智

能の向上など喫茶の効能を喧伝して大きな反響を呼び起こした。茶樹の栽培や喫茶の習慣も貴族階層から庶民にまで広がり、茶道が形成される素地は次第に整えられていった。15世紀に入ると一休禅師宗純の跡を承けて村田珠光（じゅこう）（1422〜1502）が禅味を取り入れて修身養性を根本に据えた日本ならではの茶道を提唱する。さらに16世紀末葉に千利休（1522〜91）が現れ、茶道芸術をさらに発展させ、器物や所作に多面的な創造を果たし、改革に殉じながら日本的な茶道を確立した。それは'和敬清寂'とも言われる深い精神的境地であった。こうした心理的な態度は、宋代士大夫が闘茶に求めた内省的とも言えるこだわり、高雅な境域への希求、芸術的な情趣など共通した性向がうかがえる。世に名高い日本の茶道の源流は在りし日の唐宋の文化と深く結びついているのである。

　中国の文化、とりわけ舶来の唐物の茶器は、茶道が独自の発展を見せるなかでよりいっそう珍重されるようになり、黒釉の碗盞は貴重視され、高く評価されるようになってゆく。南北朝時代（1338〜92）、新興の武士や貴族の間に儀式化された茶会が盛行するが、この時期の喫茶の複合文化（ティー・コムプレックス）に舶載の茶器は欠かせぬものであり、風趣に富んだ雅会はそれらなしに実施することはできなかった。客間の空間を唐物で飾ることが始められ、建盞など宋朝瓷器をはじめ、調度掛幅など書院は美術工芸品の展示室の観を呈するようになる。とりわけ宋代の作品を所持することは最高の栄誉と考えられた。室町時代（1338〜1573）の歌僧、正徹（しょうてつ）は歌論書『正徹物語』で品茶を善くする人を称え、茶器を清潔に保つことに留意し、また小茶坏、天目茶碗、茶壷、茶杓などそれぞれの茶器に心から愛情を注ぐ姿に感心している。現在でも、茶会を開いて客人を接待する場合、最も大切な賓客でなければ主人が珍蔵する名品が用いられることはない。

　日本における喫茶の文化が成熟するにつれて、建盞に

『喫茶養生記』

千利休像

関する記録も文献の中にしばしば見られるようになってくる。「建盞」の名称の初出は、鎌倉幕府の執権北条貞顕から、鎌倉称名寺の剣阿（1261〜1338）に宛てた消息で、剣阿は延慶元年（1308）に称名寺の二世住持となっている。それは貞顕が剣阿から茶道具を借用した折のもので、唐物が流行する一方、鎌倉でも充分には理想の茶器が確保できなかった状況を伝えている。

建盞の記載は、続いて『仏日庵公物目録』に現れる。これは鎌倉円覚寺の塔頭仏日庵に伝わる公家の蔵品目録で、元応２年（1320）の目録に貞治２年から４年にかけて校勘修訂が加えられている。その中には、「建盞一同台二対、建盞一対　在台、建盞二十　在台」などの記載が見え、今日天目台と呼ばれている承托が各々に添えられていたことがわかる。日本に請来された建窯瓷器は、文献にその名が現れる当初の時期は、一般に建盞の名称が使用されていた。しかし寺院や喫茶のサロンで賞翫、継承されるうちに、建窯や建窯系の碗それぞれの特徴に着想を得たさまざまな呼称が考えられるようになる。やがてそれらの呼称は‘天目’という曖昧かつ包容力のある概念にくくられていくようになるのである。ここで再び中国の天目山に眼を向けなければならない。

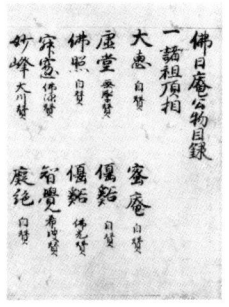

『仏日庵公物目録』

清朝勅撰の総合的な地理書『大清一統志』には、「浙江省杭州府天目山は臨安県西五十里、於潜県と界を接している。山に両目〔山頂の池〕が有り、臨安にあるものは東天目と曰い、於潜にあるものを西天目と曰う[67]」とある。

宋代、天目山には仏教寺院が林立し香煙の絶えることがなかった。東天目には照明寺、西天目に禅源寺があり、天目山の東北峰径山には勅賜香雲禅寺が偉容を誇り、‘禅林の冠’と称された。宋元時代、日本からの留学僧は続々とこの山中に禅院を目指して集まり、帰国の際に持ち帰った建盞は‘天目山から請来された茶碗’と言わ

れ、やがて'天目茶碗'の呼称が生まれたという。これが'天目'という語の来歴であるが、こうした言葉は用語として熟するまでは口頭に伝えられるのみであった。

　日本の研究者によれば、建盞を天目と呼んだか否かを確認する記録は、鎌倉時代の文献には見出せていないという。玄恵〔玄慧、1269～1350〕法師が著した『遊学往来』には「青菟毫」「黄菟毫」「建盞」「建州垸〔碗〕」などの名は見えるが、天目の語はない。鎌倉時代に著された『喫茶往来』『仏日庵公物目録』などにも'建盞'の語はあるが天目は見えない。天目の語が現れる最初の記録は、応永年間（1394～1427）に書かれた『禅林小歌』で、胡玆〔瓷〕盤には建盞が多いとして、油滴、曜下（変）、建鼈、胡盞、湯盞、幅州盞、天目を列挙している。このうち建盞、油滴、曜変、建鼈などは建窯の製品と考えられ、胡盞、湯盞、幅州盞、天目などは建窯系の窯場の製作によるものと思われる。'幅州盞'については第5章（90頁）で述べた通り、福清東張窯の製品の可能性がある。ここで'天目'の語は産地や性格が不明確な類にあてられているように見える。理想の道場であり文化教養の中心であった天目山からの伝来というエピソードをもつ魅力的な名称は、これ以降しばしば書物に登場するようになり、禾目天目、兎毫天目、油滴天目、曜変天目、灰被天目、金彩天目といったように各種の黒釉瓷器の種別を示す用語として定着していった。

　建盞に関する記録としては、15世紀に入ると『満済淮后日記』『蔭凉軒日録』などの日記類が現れ、「油滴」「銀建盞」「古建盞」「御建盞」などの名称が見える。面白いことに後者には建盞の価格についての記載がある。延徳2年（1490）11月に銀覆輪の建盞1碗が「代二百五十疋」であり、明応2年（1493）8月には建盞と台2件の代金が「捨四貫五百文」とあって、建盞のなかでもものによって価格の差が大きかったことが察せられる。

16世紀前半になる『君台観左右帳記(くんだいかんそうちょうき)』は、足利将軍が所蔵する中国から請来された美術工芸品——唐物について、品評や飾り方といった鑑賞の基準を同朋衆(どうほうしゅう)がまとめたものであり、建盞の名碗もいくつかの等級に格付けされている。例えば曜変は建盞の内の無上のもの、世上になきものとされ、特徴を記して、地は黒く濃淡の瑠璃色の星斑があり、また黄、白、瑠璃の各色が交錯して錦のようになる例もあるとし、最後にその価値を評して、萬疋のものなりと結んでいる。同様に油滴は、「第二の重宝」であり、評価五千疋、建盞は三千疋とされている。

　江戸時代は強固な幕藩体制化に長い平和が続いた時期であったが、建盞も含めて多くの黒釉瓷器は、そのほとんどが徳川将軍家か諸大名の所有するところとなっていった。明治維新以降そうした所蔵品のいくつかは再び民間へと戻っていった。

　現在日本にある伝世の天目茶碗で、国宝の指定を受けているものは曜変天目が3件、油滴天目が1件、重要文化財に指定されるものは曜変天目が1件、油滴天目が3件である。世界に類のない特に優れた作品とされた8碗は、寺院や美術館に所蔵されている。

　建窯瓷器が日本に伝来されたと同時に、その陶芸技法も日本の窯業に大きな影響をもたらすこととなった。言い伝えによれば、南宋の嘉定16年（1223）、京都山城の人加藤四郎左衛門〔名は景正、藤四郎と通称される〕は宋瓷の倣造に失敗を繰り返すのに発奮し、毅然として道元禅師に随って海を渡り、福建の地で製陶を学ぶこと5年、紹定元年（1228）に帰国する。彼は京都、知多、愛知などに相次いで窯を開くが、いずれも失敗に終る。その後山田郡瀬戸村に行き着き、良好な陶土と豊富な燃料に恵まれ黒釉陶瓷焼成の夢を実現させる。彼の作品には'藤四郎焼'の銘が刻まれ、'瀬戸黒''瀬戸焼'の名で広く知られることになり、ひいては中世の陶業が近世へと展

第6章◆建窯の伝来とその魅力　*111*

開する礎となった。その業績から加藤四郎は'陶祖'の称号とともに尊崇を受けるに至ったという。これが伝承のあらましである〔この伝承には諸説があり、実体は不明な点が多い〕。

　日本における考古学的研究によれば、すでに13世紀末の中世瀬戸窯で和物天目の焼造が開始されていたことが検証されている。それは古瀬戸中期様式といわれる発展段階に該当し、黄褐～黒色を呈する鉄釉が積極的に使用され、建盞、天目を目指した作陶が行われた。瀬戸窯ではこの後江戸中期まで途切れることなく天目の生産が続けられる。瀬戸窯の影響を受けつつ、ともに発展して和物天目の主要な窯場となる美濃窯をはじめ、遠江の志戸呂窯、初山窯、富山の越中瀬戸窯など近世の各地の窯場で天目の焼造が行われた。編年表に示された和物天目の実測図を見て気づくことは、それらが建盞の束口碗の基本形を保っているということであり、建盞の形姿に現された美意識の歴史性、普遍性など興味深い問題が投げかけられているように思われる。

　和物天目茶碗の一般的な特徴は、胎土が白色か灰色を呈し、施釉は薄いかムラがあり、二度掛けや釉下に化粧土を塗る例も見られ、器形のプロポーションでは建盞に比べて平たいものもあれば丈の高いものもあるなどである。名高い作品としては室町時代の瀬戸天目茶碗、桃山～江戸初期の瀬戸菊花天目茶碗などがあげられる。(カラー図版41・42)

瀬戸天目碗

瀬戸菊花天目碗

　日本では建盞が宝物のような扱いを受けると同時に、各種の和物天目も極めて珍重された。社会の各界とりわけ茶道文化の中では古くからそれらの名品に対する賞玩、品評、考証が繰り返されてきた。茶道の祖とされる村田珠光は、茶湯道具に話がおよんだ際に唐物万能の風潮に疑問を呈し、むしろ個々の道具の特性を理解しそこに美を見い出すべきだとする、使う側の心的態度をなに

より重んじる考えを述べている。『禅鳳雑談』に見える「月は雲間のなきは嫌にて候」という言葉の中に彼の美意識が端的に述べられている。明晰、鮮明にすぎて少しの陰翳も見られない対象はかえって心を引きつけないものなのである。おそらく次のように言うべきであろう。日本人は中国文化の精華として建盞に特別な心理を抱き、それは受容の態度をはじめ吸収消化の過程でさまざまな反応を引き起こし、それがまた建窯を推賞する力となってはね返る。そうした情熱が近代以降の建盞や倣建盞に対する収集と研究の成果に結びついているように思われる。

## 現代の倣建盞

　古代の官窯や名窯の瓷器に倣ったものを製作することは、明清時代に極めて流行した。工芸技術上劣るものは偽作、故意に真作に似せれば贋物と言われ、工芸上一定の規準を満足させたものは倣古と呼ばれた。近現代の倣建盞も民国時代の例が確認される。プラマーの"Temmoku, a Study of the Ware of Chien"に外側に「大宋顕徳年製」の銘を陽文楷書で表わした碗が収録されている。そもそも'顕徳'という年号は五代後周の世宗柴栄の時代のもので、西暦では954～59年にあたる。その翌年960年には趙匡胤〔宋の太祖〕が陳橋の兵変を起こして国号は宋と改められる。五代時期の福建は十国の一つ閩国の領した期間が907～45年、その後建州、汀州は南唐に、福州は呉越に属し、漳州、泉州には閩国からの支配が残り、三分する勢力が割拠する状態となっていた。975、978年に南唐、呉越が相次いで滅び、福建は正式に宋朝の版図となる。五代晩期から北宋初年にかけて、建窯では薄胎薄釉の黒釉碗盞が焼造され、建盞の焼成が軌道にのるのはその後のことなのである。上述の顕徳銘の歙口碗はその年款と作風に齟齬をきたしているわ

民国時期の倣建盞「大宋顕徳年製」銘

けで、宋代の建盞と同列に置くことはできない。民国時期の骨董商の中には顕徳の偽銘を付けた偽古作の製作を謀った者があったと伝えられ、一時盛んに世に出回ったとのことである。製作の拠点は北京東郊六里屯、唐山陶瓷廠、南京一帯などにあり、白、藍、緑、黄、紫など各色釉に印花で古風な花文を表わしたもの、五代の柴窯、元代の樞府瓷を狙った器皿などが作られたといわれる。顕徳銘の建盞もそうした製作に係るものではなかろうか。

　その後、建盞を再現する努力は広がり、最初の成功といわれる報が海外からもたらされた。1954年、アメリカ人アルフレッドはニューヨーク陶瓷学院で外観に斑点の現れた黒釉碗を焼成した。1970年代の末には、理論物理化学家であり陶芸家でもある安藤堅氏が、宋代建窯の研究と再現に情熱を注ぎ、勤務していた化学工業会社の職を辞して、試行を繰り返すこと5年近く、ついに宋代建窯の曜変天目に肉迫する作品を完成した。1981年招請に応じて訪中した安藤氏によって、その研究の成果である曜変天目茶碗が福建省博物館に寄贈された。その器形は建盞の束口碗の形式に範をとったもので、碗内には黒釉地を背景に曜変斑の集合が撒かれた滴のように浮かんでいる。この斑文は施釉を二度掛けにして得られたものである。駐日大使館文化処を通じての話によれば、この碗を五千万円で求めたいと申し出た人物がいたそうである。また西ドイツの有名な製瓷企業も氏に指導を願い出たというが、両者とも拒絶された。安藤氏が自作の倣宋曜変天目茶碗をその故郷中国福建省に贈られたことは、日中文化交流の上でも印象深い佳話といえるだろう。

　80年代以降、福建省の建陽、南京、北京などの陶芸家たちによって、宋代建窯の焼成技術などの復興再現を目指した実験や研究が積み重ねられ、600有余年の間失なわれていた伝統の技も甦りつつあり、それはまた宋代の

アルフレッド作　黒釉斑文碗

建盞に新たな光を放たせている。現在のところ倣建盞の作品は兎毫や油滴の類が多いが、曜変や金彩も見られる。器形は碗以外の茶器や花瓶におよぶ。その中で内外の愛陶家、収蔵家が最も注目するのが南平僑福陶瓷研究所の陳大鵬の作品である。

陳大鵬作　倣黒釉兎毫碗

　彼はもともと普通の労働者であったが、1980年の初め歴史文献になんら記録のなかった南平の茶洋窯址をはじめて発見したのをきっかけに、一心に倣建窯黒釉陶瓷の研究に邁進した。建窯や建窯系の窯跡の実地調査は数十回におよび、各種の資料を採集した。疑問が生じれば虚心に内外の専門家に教えを請い、みずから大学に進んで知識を深め、数限りない試行錯誤の果てについに倣宋建盞の兎毫や鷓鴣斑の焼造に成功する。胎釉、造形、文様いずれも建盞に遜色のない形式と内容を備え、釉色は漆に似て黒く艶やか、胎土は鉄のように硬く焼きしまり、弾けば磬の響きをもち、建盞の芸術的魅力が存分に再現されているといってよい（カラー図版43・44）。

陳大鵬作　倣黒釉油滴碗

　彼の作品は国の内外で好評を博し、受賞の回数を重ねている。中国工芸美術百花金杯賞を獲得し、ルイジアナ世界博覧会の出品候補に入選したのをはじめ、1997年には中国文化部が開催した「陶瓷的国――中国当代陶芸巡回展」に油滴喇叭碗と鷓鴣斑盞が入選し、文化部で永久に所蔵されるという栄誉に浴している。その写真は『中国現代美術全集　陶瓷巻』に収録されている。彼の製作態度は「寧ろ欠くるも濫りにする勿れ」の格言の通り、節度のある控え目なもので、作品の高台内には篆書陰文の方印、「陳大鵬製」が捺されている。

　現代の工芸作家による倣建盞が好評を博する一方で、この数年骨董市場にまた別の倣建盞がしばしば出現している。その品格はおおむね低劣で価格も安く、'水貨'と俗称されている。供給元は福建省建陽や蒲田の民間の工房と見られている。営利を追求するあまり、違法の行

為に走る輩はいるもので、連中は工芸作家の作品や'水貨'を調達して酸化させ、土をつけ、墨を塗り、茶に漬けるなどの方法で古色を演出し、宋代建盞を騙って売りに出し、真偽を混乱させて暴利を貪ろうと目論んでいる。しかし実際にはいくつかの基本的な知識をもって注意して見れば区別はつくものなのである。

　まず胎土と釉を観察すること。建盞の素土は、瓷石を水碓〔水力を使用した碓〕で粉砕し水簸等の工程を経て調整されたもので、胎色は灰黒色で極めて細かく均質であると同時に、表面にはザラついた感じがある。口縁や高台部など露胎の部分では酸化を受けて紅褐色を発する例もあり、胎土の灰黒の色調と長い年月の間に融けあって落ちついた色合いを見せている。また発汗後の塩染みや、皮膚病の癜に似た斑痕が付着する例があり、擦り洗っても容易に落ちることはない。これは倣建盞が真似しようとしてもできるものではない。倣建盞の素土は磨砕機（ボール・ミル）によるものがあり、細かくすべすべした感じにすぎるか、粗製濫造そのままに砂粒が多くごつごつとした瓷肌になる例が少なくない。口縁、高台などに古色の擬装はあるものの、肉眼で見ても新しい作為はその色調の違いなどに認められ、それが今出来の粗製品だということがわかる。建盞の釉調はしっとりとした黒色で落ちついた味わいがあり、倣建盞の方はぎらぎらと照りだけが強く感じられる。

　次に成形の面を見てみよう。建盞は轆轤を用いて水挽き成形され、また回転させながら削り工具で整形されている。器面には回転による削り痕が残され、口部、腹部、高台と角度を違えて接する部分や高台の成形痕などにそれを認めることはできる。高台がわずかに外に開き気味の例があり、畳付に斜めの削りが入れられることもあって輪高台の幅が測ったように一定の同心円を描くことはない。倣建盞では成形に電動轆轤や型を用いた鋳込みが

活用され、器表は滑らかで、型継ぎや湯口の跡を残す例もあり、高台外壁は垂直かやや内傾、畳付は平坦で全体の輪郭は生硬さを見せている。旧来の轆轤水挽きの成形による倣建盞もあるが、建盞の輪郭を追うのに気を取られるあまり本来の生気が失なわれ、とりわけ削り整形の不自然さが目立つ。

　最後に文様である。建盞の文様は巧まずしておのずと釉面に生じたものであり、窯変と呼ばれたことは先述の通りである。一方、倣建盞の場合では電気窯やガス窯といった先進技術によることが、かえって細密かつ整然とした面白みに欠ける文様を造り出すという皮肉な結果をもたらしている。龍窯を使用して倣建盞の焼造に挑む者もいるが、温度や雰囲気の制御は難しく、建盞の域にまで達することは容易ではない。倣建盞に現れた兎毫、鷓鴣斑、曜変などを拡大鏡で覗いてみると、その多くは釉面に浮かんでいる状態で、建盞の結晶がしっかりと地釉に食い込むのとは明らかに異なることが理解される。

　結論は簡単ではあるが経験を要する言葉にまとめられる。それはほとんどの陶瓷の鑑識に共通の原則である。多くの良い作品を鑑賞して感動すること、いつも比較して眺め、注意深く観察することである。

〔注〕
①巻89、第7冊、中華書局版、1990年12月版、2208頁。
②明、徐勃等編、呉以寧点校『蔡襄集』上海古籍出版社、1996年8月版、643頁。
③孔氏嶽雪楼影鈔本、巻11建寧府、文海出版社、1981。
④巻25食貨、福建人民出版社、1990年5月版、534頁。
⑤寧波天一閣蔵本影印、上海古籍書店、1964。
⑥巻2、建甌芝新印刷所鉛印本(「中国方志叢書」所収)。
⑦桑行之等編『説陶』、上海科技教育出版社、1993年6月版、364頁。
⑧同⑦207頁。
⑨同⑦12頁。
⑩同⑦54頁。
⑪同⑦421頁。
⑫同⑥巻2。
⑬謝子源訳「天目考察」、『福建文博』1987年1期、71〜74頁。
⑭同③巻11。
⑮李益民等注釈『清異録（飲食部分）』(中国烹飪古籍叢書)、中国商業出版社、1985年4月版、84頁。
⑯同⑦421頁。
⑰『中国陶瓷與中国文化』、浙江美術学院出版社、1990年11月版、331〜332頁。
⑱同⑮84頁。
⑲「満庭芳、茶」、唐圭璋編『全宋詞』第1冊、中華書局、1995年6月版、386頁。
⑳『毛沢東選集』第1巻、人民出版社、1991年6月版、302頁。
㉑同⑰202〜203頁。〔『陶記』の訳注に、佐久間重男『東洋陶磁』7、1981、愛宕松男『史窓』41、1984 (『愛宕松男東洋史学論集』1巻所収) などがある〕。
㉒曹済平点校『宣和遺事』、江蘇古籍出版社、1993年3月版、16頁。
㉓同①巻269、第26冊、9238頁。
㉔清、顧嗣立編『元詩選』初集1、中華書局、1994年3月版、357頁。
㉕同⑰209〜210頁。
㉖陳祖槼、朱自振編『中国茶葉歴史資料選輯』(中国農史専題資料彙編)、農業出版社、1981年11月版、17頁。
㉗同③巻11建寧府。
㉘同①巻183、第13冊、4477頁。
㉙同㉖43頁。
㉚同㉖235頁、欧陽修「嘗新茶呈聖兪」。
㉛同㉖247頁。葛常之所引曾文昭の言。
㉜同㉛。
㉝同⑲第1冊、386頁。
㉞同㉖231頁、梅堯臣「李仲求寄建渓洪井茶七品」。
㉟同㉖269頁、陸游「建安雪」。
㊱同②638頁。〔茶書の記載に関しては『中国の茶書』(東洋文庫)、平凡社を参照させて頂いた〕。
㊲同②639頁。
㊳同㉖95〜120頁。
㊴同㉖43頁。
㊵同㉖45頁。
㊶同②641頁。
㊷同⑮114頁。

㊸同⑦365頁。
㊹同㉖45頁。
㊺同②32〜33頁。
㊻『全宋詩』巻1015、北京大学出版社、1995年3月版、第17冊、11585頁。同⑲、397頁、第1冊。
㊼『蘇東坡全集』巻4、北京中国書店、1986年3月版、上冊、70頁。
㊽同㊻巻854、第15冊、9896頁。
㊾『誠斎集』巻27、(四部叢刊、影宋写本)、7葉。
㊿同㊾。
51 同㊾巻19、8葉。
52 同㊻巻814、第14冊、9422頁。
53 同㊻巻253、第5冊、3046頁。
54 同㊻巻148、第3冊、1672頁。
55 沈海宝編著『飲茶詩話』甘粛人民出版社、1986年版。
56 中国硅酸塩学会編『中国陶瓷史』、文物出版社、1982年9月版、236頁。〔邦訳は『中国陶磁通史』、平凡社、1991〕。
57 同⑮124〜126頁。〔翻訳に際しては、高橋忠彦「宋元の喫茶法」『唐物天目』茶道資料館、1994所収を参照させて頂いた〕。
58 同⑰205頁。
59 王国本、劉楊、蕭史牟著『吉州窯與吉州窯陶瓷芸術』、江西教育出版社、1999年1月版。
60 同②647頁。
61 同②370頁。
62 食貨、巻50の13，23。
63 巻128、福州の条所引の龍昌期と鮑祇の詩。
64 陳開俊等訳『馬可・波羅游記』、福建科学技術出版社、1981年12月半、191頁。〔邦訳は、愛宕松男『東方見聞録』1-2、東洋文庫、平凡社1970，71〕。
65 同①巻185、第13冊、4537〜38頁。
66 同56 309頁。〔翻訳に際しては、亀井明徳『日本貿易陶磁史の研究』同朋社、1986を参照させて頂いた〕。
67『嘉慶重修一統志』(四部叢刊続編)史部、第17冊、283,286。


〔主要参考文献〕
1. 文物編輯委員会編『中国古代窯址調査発掘報告集』文物出版社、1984
2. 陳龍・王振鏞主編　中国古陶瓷研究会1996年年会専輯、『福建文博』1996年2期
3. 福建省博物館・茶道資料館編『唐物天目—福建省建窯出土天目と日本伝世の天目—』、茶道資料館、1994
4. 中国硅酸塩学会編『中国陶瓷史』、文物出版社、1982
5. 李家治・陳顕求主編『古陶瓷科学技術第1集　1989年国際討論会論文集』、上海科学技術文献出版社、1992
6. 小山冨士夫『天目』(陶磁大系38)、平凡社、1971
7. 徳川美術館・根津美術館編『天目』、徳川美術館・根津美術館、1979
8. 静嘉堂文庫美術館等編『茶碗』Ⅲ(日本名陶十選)
9. 葉喆民『中国古陶瓷科学浅説』(増訂版)、軽工業出版社、1982

後記：本書は葉文程と林忠幹が共同で選述し、林忠幹が執筆した。

〔著者紹介〕
葉 文程
　1929年生。福建南安人。厦門大学歴史系卒。厦門大学人類学系主任・同人類学博物館副館長歴任。現中国古陶瓷研究会名誉会長。
主要論著：「中国古外銷瓷研究論文集」「福建陶瓷」「閩台陶芸文化」「徳化窯瓷」等。

林 忠幹
　1949年生。福建福州人。厦門大学歴史系卒。現福建省博物館陳列部主任。
主要論著：「武夷山懸棺葬研究」「武夷山城村漢代城址年代與性質」「福建六朝隋唐彰期與断代」「福建宋墓分期研究」「漳州月港與東西方陶瓷貿易」等。

〔訳者紹介〕
富田哲雄
　1951年生。東京教育大学教育学部芸術学科卒。
専攻：中国陶磁史
主要論著：『陶俑』(「中国の陶磁」2　平凡社)、「宋・元の日月壷について」(「東洋陶磁」20・21号)

〔資料提供〕福建省博物館
　　　　　福建省軽工業研究所
　　　　　福州市考古隊
　　　　　韓国国立中央博物館
　　　　　東京国立博物館
　　　　　京都国立博物館
　　　　　永青文庫
　　　　　五島美術館
　　　　　静嘉堂文庫美術館
　　　　　徳川美術館
　　　　　根津美術館

〔翻訳監修〕　吉良文男
〔ブック・デザイン〕柴永事務所(前田眞吉)

建窯瓷──中国名窯名瓷シリーズ　1

2004年3月5日　初版印刷
2004年3月22日　初版発行

著　者　葉 文程　林 忠幹
訳　者　富田哲雄
発行者　渡邊隆男
発行所　株式会社 二玄社
　　　　東京都千代田区神田神保町2-2
　　　　〒101-8419
営業部　東京都文京区本駒込6-2-1
　　　　〒113-0021
電話：03(5395)0511　FAX：03(5395)0515
URL http://nigensya.co.jp
DTP・ダイワコムズ
製版・印刷・製本：深圳雅昌彩印

ISBN4-544-02301-7　C0371